BREVIÁRIO
POLÍTICO
DA PSICANÁLISE

Jorge Alemán

BREVIÁRIO POLÍTICO DA PSICANÁLISE

Tradução e apresentação
Oscar Cesarotto

ILUMI/URAS

Copyright © 2024
Breviário político de psicoanálisis by Jorge Alemán
© 2021, Ned Ediciones
Todos os direitos reservados e controlados através da Ned Ediciones

Copyright © desta edição e tradução
Editora Iluminuras Ltda.

Capa
Eder Cardoso / Iluminuras
sobre *Equilíbrio delicado*, Oscar Cesarotto
[Ikebana lacaniano. Técnica mista, 2024]

Preparação de texto
Jane Pessoa

CIP-BRASIL. CATALOGAÇÃO NA PUBLICAÇÃO
SINDICATO NACIONAL DOS EDITORES DE LIVROS, RJ
A351b

    Alemán, Jorge, 1951-
    Breviário político da psicanálise / Jorge Alemán ; tradução Oscar Cesarotto. - 1. ed. - São Paulo : Iluminuras, 2024.
    148 p. ; 23 cm.

    Tradução de: Breviario político de psicoanálisis
    ISBN 978-65-5519-244-5

    1. Psicanálise - Aspectos políticos. 2. Psicologia política. I. Cesarotto, Oscar. II. Título.

24-94488   CDD: 150.195
                      CDU: 159.964.2:32

    Gabriela Faray Ferreira Lopes - Bibliotecária - CRB-7/6643

ILUMI//URAS
desde 1987
Rua Salvador Corrêa, 119 - 04109-070 - São Paulo/SP - Brasil
Tel./ Fax: 55 11 3031-6161
iluminuras@iluminuras.com.br
www.iluminuras.com.br

Índice

SUM, ERGO COGITO, 11
   Oscar Cesarotto

Fios, 17

Discurso capitalista e amor, 21
Imperativos de rendimento e Supereu, 23
Inércia e discurso, 25
O anticapitalismo deleuziano, 27
Não há capitalismo sem guerra, 32
Capitalismo autoritário ou capitalismo democrático, 34
Lacan e a comunicação no capitalismo, 36
Direitos humanos, emancipação e sujeito, 37
Mais-valia da informação, 39
Lawfare, 40

A psicanálise não é uma antropologia, 41
Recalque inconsciente versus repressão social, 43
Édipo, 47
Amor e acontecimento, 49

Masculino/feminino, 50
"Amar a si mesmo", 53
Derrida. A desconstrução, 54
Isso se desconstrói, 55
A sequência Deleuze, 56
Horizonte da psicanálise, 59
O que a psicanálise ensina. Um testemunho, 60
Lacan, o olhar e o ateísmo, 64
Críticas à psicanálise, 66

Uma esquerda lacaniana e Heidegger, 67
Super-homem, 71
Singularidade do ser-para-a-morte. Campos de extermínio, 73
O Mal, 75
Antecedente de solidão: Comum, 77
Leituras e não-todo, 78
Antifilosofia contemporânea, 81
Cristo e o masoquismo. Uma conjectura, 83
Luto impossível, 85
Identidade e vítima, 86
Exílio, 88
Atos subversivos, 89

Vazio e invenção política, 90
A pergunta pela democracia, 92
Solidão: Comum, 94
Populismo/Laclau, 96
O luto da esquerda, 99
Liberdade e escolha forçada, 104
Escolher a pulsão de morte, 106

Ultradireita libertária, 108
O comunista italiano, 110
Maquiavel e Freud: As más notícias, 113
Guerra Fria e atualidade, 115

Machismo, 116
Não há relação sexual e políticas de gênero, 118
Linguagem inclusiva, 120
Filosofia e sexuação, 122
Disputar o universal, 125
Management da alma. Da empatia à resiliência, 126
Vergonha, 129
Responsabilidade, 130
Um novo individualismo, 132
Loucura/debilidade mental, 133
A inclinação racista, 135
Presente e arte de envelhecer, 136

Os únicos homens de verdade que ainda nos restam, 138

Agradecimentos, 144

Referências bibliográficas, 146

Apresentação
SUM, ERGO COGITO
Oscar Cesarotto

    Com o nome de breviário, este livro apresenta uma série de verbetes que sintetizam as inquietudes do seu autor, cuja trajetória atravessa a poesia, a psicanálise & a política.
    Jorge Alemán Lavigne nasceu em Buenos Aires em 1951. A ditadura argentina dos anos setenta o levou, até os dias de hoje, a residir em Madri, onde foi um dos primeiros difusores do ensino de Lacan, pouco conhecido na época pelos espanhóis. Além da prática clínica, fez parte de associações locais & da Associação Mundial de Psicanálise.

A parceria fecunda com Sergio Larriera o instigou ao estudo minucioso da obra de Heidegger, cotejada com o pensamento lacaniano. Como resultado, várias publicações: *Lacan: Heidegger – Un decir menos tonto* (1989); *Existencia y sujeto* (2007); Desde *Lacan: Heidegger – Textos reunidos* (2009); *El inconsciente: Existencia y diferencia sexual* (2010) Também, por conta própria, *La experiencia del fin – Psicoanálisis y metafísica* (1996).

A seguir, *Cuestiones antifilosóficas en Jacques Lacan* (1992); *Notas antifilosóficas* (2003); *Jacques Lacan y el debate posmoderno* (2010), dentre outros títulos, orientaram seus interesses para o campo político. Como saldo, *Lacan, la política en cuestión...* (2010); *Para una izquierda lacaniana* (2010); *Soledad: Común* (2012), confirmando a consistência e a originalidade das suas ideias.

Antes e durante a pandemia, sua produção foi intensa e imediata: *Capitalismo: Crimen perfecto o emancipación* (2019); *Pandemonium: Notas sobre el desastre* (2020); *Ideologia: Nosotras en la época. La época en nosotros* (2021).

A persistência da sua escrita, desde o início, leva a marca da poesia: *Sobre hospicios & expertos navegantes* (1973); *Iguanas* (1974); *No saber* (2008); *Río incurable* (2017); *La hora del rechazo* (2022).

Apreciado como poeta, respeitado como analista, lido e debatido como ensaísta, sua vasta produção lhe trouxe merecidos louvores, reconhecimentos e títulos honoris causa, com seus livros já publicados em Itália, Inglaterra, Argentina, Espanha e Rússia. Agora e aqui, a hora e a vez do português! Destarte, é uma honra poder apresentar, no Brasil, um verdadeiro pensador argentino de exportação.

BREVIÁRIO POLÍTICO DA PSICANÁLISE

Toda ordem, todo discurso aparentado com o capitalismo deixa de lado o que chamaremos, simplesmente, de coisas do amor, meus bons amigos.

Jacques Lacan, *Estou falando com as paredes*[1]

---

[1] Jacques Lacan, *Estou falando com as paredes: Conversas na Capela de Sainte-Anne*. Trad. de Vera Ribeiro. Revisão técnica de Romildo do Rêgo Barros. Rio de Janeiro: Zahar, 2011.

Fios

Comecei com Althusser lendo Marx; daí, de imediato, fui para Lacan, porque o pensador marxista propunha uma leitura materialista de Lacan. Tinha lido Freud na minha primeira juventude para lidar, como jovem de esquerda, com o pessimismo antropológico do inventor da psicanálise. Graças a um professor da minha universidade, senti curiosidade por Heidegger. Como que o pensador que tinha colaborado com o nazismo podia apresentar algumas das suas chaves mais importantes? Como atravessar a rejeição espontânea que o pensador alemão produzia em alguém comprometido com a militância dos anos 1970, exilado de uma ditadura genocida? Antes de chegar em *Ser e tempo*, li *¿Qué significa pensar?* Logo construí com meu amigo Sergio Larriera a paixão por Lacan:Heidegger, do qual diferentes livros deram conta. Essa operação nos deu a possibilidade de estabelecer uma relação de consulta e troca com os grandes leitores espanhóis de Heidegger.

Em 1978 assisti ao Seminário de Lacan e o vi absolutamente atravessado pela escritura dos nós. Apesar da opacidade do seu discurso, soube que os círculos de fios deixavam, no encaixe, um vazio irredutível a um ponto euclidiano no plano, além dos três necessitarem de um quarto para se sustentar.

Depois de ter fundado, em 1980, a Série Psicoanalítica, primeira associação lacaniana de Madri, com sua correspondente publicação — "Para ser sério hay que hacer série" (Lacan) —, e de captar outras consequências do vazio, iniciei minha análise com Jacques-Alain Miller.

Logo, participei da fundação do Campo Freudiano e posteriormente de sua vertente institucional, a Associação Mundial de Psicanálise.

Entretanto, minha relação com a política e a psicanálise continua até hoje, e por isso este breviário é portador das minhas próprias marcas históricas.

"Artefatos intranscendentes" foi o termo que escolhemos com Larriera para diferenciá-los dos esquemas transcendentais kantianos. Essas questões topológicas nos remeteram à *Razón fronteriza y sujeto del inconsciente*, e a amizade de anos com Eugenio Trías se conjugou num grande compromisso teórico com o problema do Limite.

A partir disso, o jogo sempre foi um embate desafiante entre Marx, Freud e Heidegger; com Lacan, tentou-se fazer um nó com os outros três. Nunca se somam nem se integram ou totalizam, por causa do vazio que os convoca.

Tudo o que veio depois com os chamados teóricos da emancipação, especialmente Ernesto Laclau — com quem partilhei horas de trabalho e amizade —, passou pelo crivo desses quatro pensadores.

Este breviário revisita meus livros anteriores: *Lacan:Heidegger*; *Soledad: Común*; *Capitalismo: Crímen perfecto o Emancipación*; *Ideología*; *Nosotras en la época. La época en nosotros.*

Este breviário discorre sobre distintas leituras, interpretações e temas de época que indagam até onde a política e a psicanálise, sem nunca se superpor, entram num mútuo jogo de correspondências, recolhendo um repertório de temas cruciais da atualidade. Nele, amalgamam distintas sequências que vão desde minhas leituras sobre a forma neoliberal do Capital até a maneira como estas impactam a vida e as circunstâncias sociais e subjetivas. Os fios soltos dos meus livros anteriores convocaram para esta tarefa pendente e nova, para dizer de um outro modo e para certas reinvenções possíveis.

    Este texto pode ser lido na ordem sugerida, que agrupa diversos blocos temáticos, ou de forma aleatória, já que cada um dos verbetes constitui uma unidade em si mesma. O leitor que decida.

Discurso capitalista e amor

Quando os lacanianos tratam do tema do amor devem enfrentar as distintas consequências da denominada impossibilidade da relação sexual (não há relação-proporção entre o gozo de cada um dos *partenaires*). O amor é uma resposta a essa impossibilidade; por isso, a experiência amorosa não pode ter lugar em termos de complementariedade ou completude. O amor se realiza com as suplências que cuidam e, ao mesmo tempo, fazem obstáculo a tal impossibilidade.

Qual seria, então, o amor menos tonto? O recíproco. Mas apenas se se entender por recíproco aquilo não é completo, transparente e sem obstáculo; uma coragem que não só não recua ante a indiferença absoluta, mas que a põe para trabalhar.

Isso vale para qualquer gênero do LGTBI+; assim sendo, o amor é um acontecimento político.

Se Lacan chegou a afirmar que no discurso capitalista se realizava uma rejeição do amor, não o fez de nenhuma posição humanista. O impulso circular do discurso capitalista onde se conectam o sujeito e um mais de gozo que apenas acalma para renovar uma falta insaciável obstaculiza o desenvolvimento das condições do amor.

O amor está cada vez mais submetido e subordinado a dispositivos de rendimento, onde há que se estar à altura e apresentar-se sem nenhuma falha. O neoliberalismo o rechaça porque exige o limite e a indagação do mistério. Daquilo que, enquanto revela, escamoteia. Em troca, o impulso do neoliberalismo é de tornar tudo visível, que tudo seja comunicável, que tudo possa ser medido, calculável e taxado. No projeto do capitalismo existe o propósito de programar as relações e apagar o caráter contingente do encontro.

O amor é o encontro entre duas faltas que nunca podem se colmar. O outro é procurado para acompanhar essa falta, não para a locupletar.

O casal é o desafio de suportar juntos algo que não pode ser resolvido.

Imperativos de rendimento e Supereu

Na lógica da esquerda lacaniana nunca se pode afirmar que o inconsciente é exclusivamente a interiorização das relações de poder. Essa posição teórico-ideológica simplifica a questão de tal modo que o inconsciente termina sendo uma página em branco interna e subterrânea onde o poder escreve as suas histórias.

O inconsciente é uma estrutura com leis específicas, que se manifestam na forma de sintomas e fantasmas.

A única instância que permite amarrar o inconsciente aos dispositivos de poder — que também têm sua própria lógica — é o supereu. Com suas exigências obscenas, obrigando o sujeito a gozar da sua própria renúncia, é a marca da civilização no inconsciente. Destruindo a oposição interior/exterior, o supereu está ao mesmo tempo fora e dentro do sujeito, duplicando suas demandas impossíveis de cumprir.

Os diversos imperativos de rendimento que sob o neoliberalismo intervêm em todas as fases da existência humana — amor, esporte, sexualidade, trabalho — dependem de suas exigências como ferramentas determinantes. Todas essas exigências estão além do princípio do prazer e constituem o mais de gozo, que não deve ser confundido com a satisfação homeostática do prazer; pelo contrário, encarna o desequilíbrio das pulsões, correlacionando-se com a pulsão de morte apropriada pelo neoliberalismo.

Marx teve a intuição do problema quando afirmou que o capitalista não acumula o gozo, senão que goza acumulando. Gozar acumulando é já estar sob a exigência do imperativo. Essa presença da exigência do rendimento em ambas as pontas do antagonismo entre explorados e exploradores não o anula em absoluto, porém, outorga uma nova complexidade à versão clássica da luta de classes.

Inércia e discurso

Cada discurso traz em sua matriz uma fatalidade insuperável. De início, mantém sua novidade disruptiva, sua condição de corte, sua abertura a outro modo de pensar e habitar a língua. Depois, lentamente, à medida que circula e se organiza a sua transmissão, vai tomando forma, em seu exercício, uma "língua de madeira".

A tendência inconsciente à compulsão para a repetição se infiltra na novidade dos discursos com a inércia que propicia o significante Amo. Este é o estrago da repetição e da sua inércia, que afeta o núcleo de todas as instituições, produzindo um fechamento ideológico e uma marca de identidade como signo de pertinência a um grupo.

Isso já não descobre nem surpreende ninguém, mas se constitui num traço de distinção. A questão fica patente em muitos discursos contemporâneos, muito potentes nas primeiras emergências, até virarem uma paródia das suas gramáticas, convertendo-se, no final, em letra morta.

Passar no teste implica que um suplemento poético cobre existência no sujeito que atravessa a fixação daquelas significações, sempre a ponto de ser capturado por um gozo inerte.

Entende-se por poético não a expressão íntima das emoções, nem a catarse autobiográfica, nem os testemunhos subjetivos; antes, trata-se de uma práxis sobre o material da alíngua que possa fazer emergir novas possibilidades de habitá-la.

O termo "sujeito" tampouco faz referência ao indivíduo nem a nenhuma experiência particular, se não a um enxame de diversas singularidades que voltam a se conectar com o Comum da alíngua.

O anticapitalismo deleuziano

Os teóricos de inspiração deleuziana, ao estilo de "Bifo" Berardi, tratam o inconsciente como um fluxo onde a época pode fazer dele o que dispuser. A aceleração da chamada infoesfera poderia estressá-lo, induzindo a novas patologias, inclusive gerando outros tipos de autismos sociais. Berardi o narra desse modo em *O terceiro inconsciente*, livro que, apesar das diferenças que aqui serão expostas, apresenta um excelente olhar sobre a atualidade.

No seu texto, os fluxos deleuzianos assemelham-se perigosamente, embora com propósitos diferentes, às atuais perorações filosóficas das novas neurociências. No caso comentado, o inconsciente seria dotado de uma plasticidade cerebral que as distintas potencialidades do entorno podem transformar. Há aqui um paradoxo: um projeto de libertação como o de Berardi — tão importante em muitos dos assuntos que descreve — encontra-se inesperadamente associado às argumentações mais diretas do neoliberalismo, embora não tenha sido esse o seu propósito.

É sabido que faz parte dos planos do liberalismo a tentativa de treinar e monitorar o cérebro para assim dispor da sua máxima potência. O tratamento deleuziano-berardiano está a serviço de um projeto libertador, ainda que exibindo o mesmo tipo de ambiguidade já presente no *Anti-Édipo*: por um lado, o inconsciente está sob intervenção da produção; por outro, o desejo e os investimentos libidinais podem ter a potência do devir revolucionário. Por esse viés, o inconsciente fica despossuído das suas falhas estruturais, da fissura irredutível e incurável que introduz na realidade. Da divisão do sujeito não resta mais nada, e o capitalismo se apodera do inconsciente encerrando-o nos confins malignos da paranoia.

Anos mais tarde, para Berardi, o inconsciente será o lugar que foi capturado pelo semio-capitalismo, que, de modo superprodutivo, se converte numa das peças centrais da psicoesfera. Por isso, como no *Anti-Édipo*, se a solução era a esquizo-análise, em Berardi subsiste também o projeto de uma enigmática terapia social.

Não deve ser esquecido que a esquizo-análise fez a sua primeira aparição reduzindo deliberadamente o Édipo, e sem nenhuma leitura teórica que pudesse dar conta da verdade dessa redução, a uma questão "familiar, teatral", em que os investimentos libidinais estariam encarcerados no dito complexo, apresentado como um folhetim.

Nenhuma dessas caraterizações pode ser desprendida do ensino de Lacan. É como se, para mostrar o Édipo, Deleuze e Guattari tivessem se valido da vulgata pós-freudiana do mundo anglo-saxão. Obviamente, nenhuma característica teatral ou familiar cabe na topologia estrutural do inconsciente lacaniano.

O *Anti-Édipo*, de todas as maneiras, pode valer como antecedente da esquerda lacaniana, embora tenha se tratado de uma esquerda fácil que simplifica o agudo problema que vincula a singularidade radical do sujeito com os projetos coletivos emancipadores. Uma vez mais, ao modo do mais canônico Marx, se quer pensar numa transformação revolucionária que seria imanente ao próprio capital. No meio dos fluxos, dos pontos de fuga e do devir, nessa proposta encontra-se ausente o sujeito, único lugar que poderia funcionar na articulação de todas essas forças. Contudo, Deleuze e Guattari o excluem, pensando que talvez a esquizo-análise possa reunir a potência de todas essas energias desatadas num projeto revolucionário.

Não por acaso, a epistemologia que animava o projeto do *Anti-Édipo* era uma "psiquiatria materialista", expressão com certeza mais vinculada a Guattari do que a Deleuze.

Corre por conta dos autores a tentativa de apagar a psicanálise em favor da psiquiatria.

No *Anti-Édipo* não há ideologia, senão linhas de fuga, e o desejo é uma "máquina" que na sua potencialidade pode ser capaz de se separar e romper com a subordinação ao mundo do interesse, inclusive o de classe.

A oposição desejo/interesse é o que permite ao desejo se orientar como uma máquina de guerra no devir revolucionário.

Segundo Fujita Hirose, no excelente trabalho sobre a filosofia política de Deleuze e Guattari, o capitalismo, depois da covid, teria ingressado no tempo histórico da "destruição criativa". Esse conceito mostra como o capitalismo, na clássica contradição entre a sua reprodução ilimitada e a diminuição das taxas de lucro, é capaz de se curvar sobre si mesmo e impedir os "fluxos revolucionários". Assim como Deleuze e Guattari, o autor não abandona seu otimismo revolucionário: as grandes massas de trabalhadores subsidiados podem eventualmente se constituir numa exterioridade irredutível e atingir o prezado estatuto de uma "máquina de guerra". Em idioma deleuziano, os fluxos revolucionários devem se valer da destruição dos velhos capitais, para também se somar aos fluxos antipatriarcais e aos povos minoritários exilados.

Para Fujita Hirose, todo esse leque de forças poderia constituir a máquina de guerra que daria conta do "limite absoluto" do capitalismo.

Se as coisas fossem assim, a descrição seria inobjetável, mas aqui volta a surgir o problema do *Anti-Édipo*; em lado nenhum o sujeito político encontra seu lugar como agente de uma articulação desse calibre.

Não há capitalismo sem guerra

Uma das poderosas intuições do *Anti-Édipo* foi tratar, de forma premonitória, a contradição do capital entre a produção ilimitada do desenvolvimento das forças produtivas e a tendência à diminuição da taxa de lucros.

Para isso, valeram-se do par nietzschiano credor/devedor. A dívida é o motor da produção ilimitada e, para seu desenvolvimento, o capitalismo precisa dos Estados e das guerras que a instrumentalizam.

Até agora, depois da Segunda Guerra Mundial, o pacto entre os poderes triunfantes foi deslocar as guerras para as chamadas periferias.

Contudo, depois da pandemia, tão povoada de metáforas bélicas, parece estar se iniciando a possibilidade da guerra entre potências em outros termos, a disputa por quem será o credor global que subjugue o planeta. A disputa pelos metais raros entre a China e os Estados Unidos aponta para esse horizonte.

Resta saber se a destruição implícita do poder nuclear poderá funcionar como limite.

Capitalismo autoritário ou capitalismo democrático

Determinar que o sentido político do ensino de Lacan se reduz a uma suposta disputa entre o capitalismo autoritário ou o democrático é bloquear o verdadeiro problema político do discurso capitalista.

Certamente o capitalismo é agora mundial, porém, considerar o conflito apenas entre dois capitalismos é aceitar e aprofundar o desejo de que os projetos de corte ou saída fracassem. Ainda por cima, é transformar Lacan num teórico mais do fim da História.

Essa posição encobre a existência, entre o capitalismo autoritário e o democrático, de uma vasta rede de vasos comunicantes e diversos modos de cumplicidade estrutural; resulta também evidente que, de um modo mais ou menos velado, se reconhece não somente o triunfo mundial do capitalismo, se não sua vitória definitiva: uma miragem da burguesia intelectual europeia. É verdade que esse discurso, no seu movimento circular, torna muito problemático seu corte ou saída, mas renunciar a esse problema teórico-político é um álibi ideológico; ainda mais grave, seria inscrever Lacan na derrota das esquerdas do século XX.

Lacan e a comunicação no capitalismo

Lacan nunca participou das denominadas teorias da comunicação, no entanto, não deixou de dar a sua contribuição singular.

Para ele, na medida em que o discurso vem do Outro que sempre antecede, o sujeito é, em primeiro lugar, um receptor e não um emissor.

Sempre recebe a mensagem de "forma invertida": não a emite, a recebe de um Outro que desconhece.

Na linguagem althusseriana, o sujeito é interpelado pelo Outro. Antes de se interrogar pelo "quem sou" recebe um "tu és", anterior à formulação da própria pergunta sobre o seu ser.

O Outro não é um lugar inocente, é um lugar de passagem que vai desde as determinações histórico-singulares até as dispostas pela ordem do capital, sem que se confundam ambos os vetores.

Direitos humanos, emancipação e sujeito

Seriam os direitos humanos um elemento mais do demoliberalismo capitalista?

Essa tese é defendida por muitos teóricos das novas direitas pró-russas ou pró-chinesas e por certas esquerdas "vermelho-pardas" que, por distintas razões, não podem aceitar o giro autoritário para o capitalismo na China e na Rússia. Essas correntes fazem uma leitura em termos de decadência, que estaria encarnada em LGTBI+, homossexuais e feministas.

A experiência argentina com a memória e a verdade, em que mães, avós e filhos conseguiram atingir o estatuto político capaz de transformar a lógica do Estado, demonstra que os direitos humanos não são apenas uma mera superestrutura do universo neoliberal. Pelo contrário, constituem um passo determinante na radicalização da democracia e na guerra de posições contra o neoliberalismo. Apenas um projeto nacional e popular com um horizonte de emancipação poderia levar a cabo essa política pública que permita um trabalho de luto e de reinvenção do seu legado.

Mais-valia da informação

Para além do famoso excedente ligado à exploração das forças de trabalho, um novo sistema de extração de mais-valia instalou-se definitivamente. Os objetos técnicos são depositários de uma informação que se entrega de um modo aparentemente não coercitivo; essa informação é arquivada, processada e modificada pelos algoritmos. Os consumidores tornam-se trabalhadores gratuitos que entregam dados a um sistema que os processa para se reproduzir e aperfeiçoar sua dominação.

Outro exemplo das equivalências entre mais-valia e mais-gozar: enquanto se goza de um objeto técnico, trabalha-se invisivelmente para ele, e a renda obtida com a própria informação é reinvestida como benefício alheio.

Lawfare

Quando um povo entende que, às vezes, a lei não é a lei, senão um instrumento arbitrário do poder, realiza-se uma operação subjetiva e política de primeira ordem. Isso seria análogo ao momento em que ao sujeito é revelado que, no Outro da lei, existe uma inconsistência e uma incompletude estrutural habitada por uma vontade de mais-gozar que permanece velada.

A psicanálise não é uma antropologia

Uma esquerda lacaniana é sempre a tentativa de dar combate pelo materialismo da estrutura e suas combinações aleatórias. Tal combate implica o inconsciente não regido por nenhuma significação da época. Obviamente, é muito tentador afirmar que depois do neoliberalismo, da técnica, do capitalismo financeiro e semiótico, da aceleração da info-esfera e da estimulação causada pela digitalização do mundo, o inconsciente teria mudado. Essa posição exemplifica de modo crucial a questão relativa à transformação da sua teoria numa antropologia cultural, de tal forma que o inconsciente é apresentado como um lugar definido e determinado exclusivamente pelos sentidos distintos que lhe atribui uma época. Para isso é necessário sustentar que os dispositivos atuais já o clausuraram definitivamente, substituindo-o por uma nova agenda que não seria outra coisa senão a continuidade subjetiva das relações de poder.

O verdadeiro problema de uma esquerda lacaniana começa quando aceitamos que o inconsciente, na sua materialidade, é um lugar fora de sentido, onde os significantes que o estruturam têm efeitos incalculáveis de significação. Desse ponto de vista, os processos de subjetivação gerados em uma época, suas novas transformações, ainda que possam incidir no sujeito em sua singularidade mais radical, não podem fazer dele uma mera tradução do que acontece na assim chamada psico-esfera.

O problema sempre residirá no ponto de união e disjunção entre a singularidade do sujeito e as transformações de distintos limiares históricos e seus modos de construção da subjetividade.

Não há inconsciente coletivo, tal como Freud refutou Jung. A psicanálise constitui um obstáculo que impede o sujeito de se tornar um objeto da antropologia histórica.

Recalque inconsciente versus repressão social

Essa confusão reinou durante bastante tempo, e ainda hoje, com distintas variações, continua presente. Em muitos autores e por diversas vias conceituais foi se impondo a ideia de que a repressão inconsciente seria o resultado de uma "internalização" gerada por diferentes figuras da autoridade familiar ou da dominação do capital. Isso provocou uma bagunça metodológica e política bem séria. Centenas de autores da esquerda freud-marxista, inclusive nas suas derivas foucaultianas ou deleuzianas, seguiram pensando o sujeito como o lugar onde as relações de poder e dominação eram inscritas pela introjeção.

A questão é mais complexa: o recalque (*Verdrängung*) é constitutivo do inconsciente, é equivalente ao retorno do recalcado, maneira como o significante entrou na vida para produzir o além do princípio do prazer, denominado depois por Lacan de mais-gozar. Esse recalque, do jeito como Freud o formula, é eterno como o inconsciente. Não é transcendente, ainda que trans-histórico; quer dizer, é uma constante que atravessa todas as épocas. No entanto, a repressão social é o meio através do qual um dispositivo de poder ou de dominação se reproduz, seja sob a forma das sociedades disciplinares ou, de uma forma diferente, nas sociedades de controle contemporâneas. Nesse caso, sempre se trata de uma repressão que adquire a sua eficácia por meio de determinadas condições históricas; por essa razão, é suscetível de ser transformada pelas variações sociais ou pelos acontecimentos políticos. Assim, não seria trans-histórica no sentido de estar sujeitada às mudanças da época. A questão-chave aqui é a diferença entre o recalque estrutural inconsciente e a repressão histórica e social. O problema adquire outra complexidade se aceitarmos a seguinte hipótese de Lacan: que o recalque não é a internalização do poder exterior, como também a repressão social só é possível porque originariamente existe essa divisão incurável no sujeito que lhe dá lugar.

Não há "mecanismos psíquicos do poder", como afirma Judith Butler; não obstante, a família, as autoridades simbólicas, o apego apaixonado pelas figuras do poder que oprime e domina, tudo isso tem sido possibilitado por um mundo onde a realidade está constituída de um modo falho. A repressão social é um tratamento histórico que realiza uma cultura em relação ao vazio estrutural em relação ao qual se institui o sujeito do inconsciente.

Essa negatividade incurável, esse furo irreparável do recalque, é o que determina que o sujeito do inconsciente jamais possa ser apenas a soma ou o repertório dos poderes que o condicionam.

O freudo-marxismo foi conjugado por distintas variantes teóricas; em quase todas se tentou fazer entrar a lógica do capital no campo da economia libidinal do inconsciente; os autores da Escola de Frankfurt dão testemunho desse problema.

A proposta da esquerda lacaniana — uma esquerda difícil — tenta ser consequente com o ensino de Lacan, que não era precisamente um autor de esquerda, mas um "conservador subversivo". Nessa perspectiva, tratar-se-á de articular estruturas heterogêneas, portadoras de suas próprias lógicas específicas, obstaculizando todo projeto de unificação ou totalização.

Por esse viés, a introjeção do poder obedece a uma não discriminação referente às ordens de determinação do sujeito, senão se confundem as realidades heterogêneas.

Essa conjunção equivocada de ambos os planos conduz a um pretenso voluntarismo das práticas sexuais.

No inconsciente e suas escolhas de desejo, de gozo ou amorosas, não há nada que se preste a uma pedagogia de Eros.

Édipo

O Édipo não é a representação teatral que descrevem Deleuze e Guattari; é uma estrutura simbólica e quaternária: real, simbólico e imaginário enlaçados pela suplência ou pelo sinthoma, arcaísmo utilizado por Lacan em seu último ensinamento como, à diferença dos sintomas patológicos, um elemento que permite ao sujeito se sustentar na realidade. Essa estrutura do sinthoma lhe possibilita uma ancoragem perante o turbilhão do real da língua. Édipo recebeu distintos nomes ao longo da prédica lacaniana, mas nunca foi o depósito familiar que Deleuze e Guattari quiseram transformar com a lógica produtiva da fábrica, da máquina e da produção. Parafraseando o poeta Allen Ginsberg, "Tenho visto as melhores mentes da minha geração", seres nimbados de talento e brilho, naufragar nas suas vidas por não dispor de um ponto de amarração.

Pode-se ir além do Édipo? Sim, árdua tarefa, mas com a condição de se servir dele.

O Édipo não é o pilar do capitalismo; pelo contrário, é o próprio *discurso capitalista* que, pela erosão dos laços sociais, estoura os pontos de ancoragem. Portanto, pode-se viver sem família, por fora do binarismo sexual e sem identidade heteronormativa, mas isso só é possível com, pelo menos de forma rudimentar, o Édipo permitindo ao sujeito não ficar à solta na deriva infinita da língua.

O Édipo é a primeira das suplências que, ante o buraco do real, consegue que o sujeito se sustente, não de maneira normativa, mas simbólica. As escrituras, as diversas criações artísticas e as invenções do sinthoma podem facilitar esses modos quaternários de sustentação.

Amor e acontecimento

Segundo Alain Badiou, aquilo que categoriza o amor como acontecimento seria uma experiência com a verdade e não com o saber. Nesse ponto, sem dúvida, inspirado em Lacan.

Portanto, se a verdade tem estrutura de um meio--dizer (Lacan), ao amor faltarão sempre palavras.

Como não se trata de um saber, no amor não só deveria ser possível suportar o que não se sabe do outro, mas igualmente suportar o que não se sabe de si mesmo. É por isso que Lacan relaciona a experiência amorosa com a coragem.

Masculino/feminino

Para Lacan, masculino e feminino constituem as lógicas diferentes no que diz respeito ao gozo. Essas relações lógicas, conformando a estrutura do inconsciente, põem em jogo sintomas e fantasmas que aproximam o vazio do sujeito ao real da vida. Relações presentes no queer, trans, no lesbianismo, em todas as gramáticas em jogo no LGTBI+. Constituem o suplemento irredutível que impede a identidade de encontrar um fundamento que a totalize. Não se trata de um par binário que possa ser estabelecido sob uma modalidade normativa.

Portanto, os múltiplos gêneros que podem surgir constituirão a superfície onde essas inscrições lógicas do gozo continuarão insistindo na sua escritura pulsional sobre os corpos.

Os corpos não binários são também portadores da impossibilidade da relação sexual entre um e outro modo de gozo.

O *heteros* é sempre o obstáculo daquilo que poderia se constituir numa identidade acabada; é a marca estrutural que acontece em qualquer escolha de gênero que sempre terá de se confrontar com a dita impossibilidade da relação sexual.

Quando Lacan propõe a fórmula "a mulher não existe", e a oferece naquele momento ao MFL (Movimento de Libertação Feminina), já tinha realizado o percurso do seu desejo: que o universal não fosse uma totalidade a se esgotar num fechamento ou numa clausura que subsumisse todos os elementos da realidade. Não obstante, Lacan não se desprende do universal; em todo o caso, o universal fica furado, revelando a sua inconsistência e incompletude.

Trata-se de um universal difícil, riscado, mas tão necessário quanto impossível.

Há que ser prudente com esse complexo tema que já deu lugar a uma autêntica querela na história do pensamento; a novidade lacaniana não deve escorregar para o relativismo.

Se uma cultura persegue os homossexuais ou outra seciona o clitóris das mulheres, esses fatos não podem ser remetidos a uma idiossincrasia cultural que os legitime: merecem uma condenação universal. Se a psicanálise apagasse isso, cairia no relativismo pós-moderno.

O universal lacaniano, por sua vez, não permite ser clausurado pelo eurocentrismo, nem pelo imperialismo nem pela cultura patriarcal, porque a sua inconsistência e incompletude transformam o universal num lugar de disputa. Difícil, riscado; porém operativo.

"Amar a si mesmo"

Em Erich Fromm se encontra a afirmação de primeiro amar a si mesmo para poder amar um outro. A experiência mostra radicalmente o contrário: só quando se ama um outro que pode se experimentar a consideração por si mesmo sem que seja puro narcisismo. Quando se deixa de amar ao outro perde-se o amor por si mesmo.

Derrida. A desconstrução

O modo como Derrida aborda a escritura de um pensador, para mostrar, desde seus detalhes aparentemente menos importantes, as grandes tensões que atravessam a sua textualidade, dá conta da potência da sua lente leitora.

Assim o faz com distintos pensadores sem jamais fazer uma crítica explícita. Do mesmo modo que Heidegger e Lacan, Derrida faz emergir o impensado de um autor como a sua verdadeira doação.

Atualmente, o termo "desconstrução", no uso generalizado, desliza para uma "crítica de costumes", um tipo de hiper-focalização obsedada em criticar a vida dos outros, como se a desconstrução fosse um novo capítulo da consciência progressista.

Convém lembrar que o gesto emancipador da desconstrução não é essa restauração da crítica como um jogo circular de imputações ao infinito.

Isso se desconstrói

Nenhuma "desconstrução" exime da fratura na qual o sujeito se constitui, da sua divisão incurável, da impossibilidade de aceder a uma identidade plena; não exime do real da impossibilidade da relação sexual nem dos sintomas que derivam disso, nem do fantasma com que cada sujeito tenta dar uma resposta à incompletude e à inconsistência originária.

Se a desconstrução mantém uma relação com a psicanálise, não poderia ser reduzida a um movimento autorreflexivo da consciência. Se assim fosse, seria apagado o gesto mais radical formulado por Derrida. Isso se desconstrói.

A sequência Deleuze

Para os seguidores do *Anti-Édipo*, tudo o que for antagonismo, lutas populares, conquista do Estado em disputa ou enfrentar a ultradireita seriam coisas que pertencem à "miséria da representação", que obstaculiza, segundo os autores, os grandes devires coletivos que surgem "de baixo".

Daí que esse pensamento que se proclama revolucionário, tanto no teórico como no político, imagina um corte ou uma tendência contrária ao capitalismo que teria a forma de uma psicanálise coletiva, uma terapia ao estilo de Guattari, que de um modo imanente e múltiplo desbordaria o poder com sua energia "desterritorializada".

A figura estrela desde processo é o desejo, traduzido sempre como potência, continuando a antiga tradição dos investimentos revolucionários da esquizo-análise. Todavia, o desejo não é imanente, nem é a priori uma potência transformadora. O desejo, segundo Lacan, é o desejo do Outro. E a separação do desejo do Outro não está nunca no ponto de partida; previamente tem que atravessar a alienação das representações do significante Amo; difícil operação se entendermos a força material do inconsciente, para não se fazer com ela literatura revolucionária.

A esquizo-análise deixa de lado a repetição, a pulsão de morte, as fixações fantasmáticas; é um inconsciente que no seu devir se presta a se autotransformar desde sua imanência.

Na esquerda lacaniana não existe um mundo opondo o imanente ao transcendente, sua topologia desborda tal oposição pré-freudiana; as árduas transformações radicais do sujeito não implicam de modo direto uma saída do capitalismo. Essa conexão, que sim existe, deveria problematizar de um modo distinto a transformação singular e a subversão da ordem coletiva que não vão juntas, mas implicam um trabalho de articulação que pode ser denominado de Solidão: Comum.

Esse sintagma nomeia a operação pela qual o mais singular do sujeito, a diferença originária constituinte, só poderia advir e se realizar no comum da igualdade.

O comum não é a homogeneidade da massa nem o caráter de equivalência da mercadoria. É o lugar onde a diferença absoluta pode realizar-se e atingir a sua máxima expressão.

Horizonte da psicanálise

Tudo o que está acontecendo de um modo excepcional no mundo da psicanálise, todos os seus pequenos e grandes sucessos desconcertantes, geniais, penosos, miseráveis ou grandiosos dão testemunho do seu final cumprido. Esse final, obviamente, não é cronológico; perdurarão instituições, conferências e análises, mas seu trabalho fundante já terminou. Resta agora prestar atenção nas diversas combinatórias do seu final, o trabalho enorme que o próprio fim implica, especialmente seu estilo no "modo de concluir" (Lacan). Seja como for, a psicanálise nunca quis ser eterna como a filosofia.

Será um novo e grande privilégio assistir ao seu final e acompanhar "o duro desejo de durar" (Paul Éluard). Depois disso, a psicanálise ficará aberta a um novo e desconhecido horizonte.

O que a psicanálise ensina.
Um testemunho

Como saber quando alguém se encontra com uma disciplina? Um encontro que mereça tal nome é sempre portador das marcas do imprevisível. Tudo o que é importante nos chega de um modo imprevisto, mas o imprevisto necessita de tempo para se preparar. Nesse caso, o imprevisível foi se preparando a partir de diferentes cenas, que de alguma maneira introduziam uma orientação para um certo tipo de psicanálise. Em primeiro lugar, alguns pesadelos da infância, pois já muito cedo soube, de forma espontânea, sem reflexão nem indicação de ninguém, que esses sonhos concerniam àquilo de mais importante na sua vida, especialmente o impactava o caráter "ultraclaro", a estranha nitidez de alguns deles, e o tempo que levava a vigília para se recompor do impacto. De um modo não reflexivo, intuiu que, se algo não pode ser significado e se apresenta a nós com uma opacidade radical e, por sua vez, sem saber por quê, nos diz respeito, isso exige que tentemos pôr em palavras ou por escrito ou narrar para alguém. Começou, assim, a tentar desde a adolescência. Por isso, sente ter tido um pressentimento muito primário do "real lacaniano", em particular, a partir de sentir que podia pensar algumas coisas por própria conta e descobrir que pensar sem se esforçar era uma espécie de felicidade. Também o fato de que sua escritura fosse quase ilegível do ponto de visa caligráfico e que, muitas vezes, o professor da vez devolvesse sua prova sem a ter lido, despertou nele uma grande atração pelas inscrições nas paredes, a letra impressa, os neologismos, as gírias da rua e os diversos pontos de fuga da gramática. Nesse sentido, antes de iniciar a cura analítica, a experiência do inconsciente chegou-lhe através do poema que fala por si mesmo e desliza pela língua sem saber. Mais tarde, na adolescência, a militância política incluiu no centro da sua própria experiência uma nova aporia, uma questão de difícil decisão; por um lado, a "causa revolucionária" que demandava uma entrega incondicional em que, obviamente, uma desventura pessoal sempre tinha de ser irrelevante no que diz respeito à marcha inexorável da História. No entanto e por outro lado, no tratamento analítico, no seu próprio discorrer, foi se abrindo à sua própria "finitude", às coisas importantes que nos atingem de um modo contingente, aos traumas que se repetem, aos dilemas que só se resolvem com uma eleição sem garantias; em suma, a tudo aquilo que cada um deve saber ser capaz de suportar ou não. Essa aporia, essa tensão inaugural entre a lógica interna de um processo histórico e a exigência ética do próprio desejo, de distintas maneiras, ainda insiste em todos os seus projetos. Apaixonado pela disciplina freudiana, pela conjunção e pela disjunção entre o percurso da civilização e a experiência do sujeito. O que se deve à psicanálise? Ter aprendido a saber perder — o que é a vida para quem não sabe perder? Todavia, saber perder é sempre não se identificar com o perdido, saber perder sem ficar derrotado. Deve à psicanálise entender a vida como um desafio onde não dá para se sentir vítima; em definitivo, a psicanálise ensinou-lhe que cada um tem que se entregar durante a vida toda a uma tarefa impossível: aceitar as consequências imprevisíveis do que se escolhe. Além disso, diferente de outras disciplinas ou correntes de pensamento propícias para se deixar seduzir com as miragens intelectuais do saber, o que mais importa na psicanálise é a sua honestidade com relação a uma verdade que nunca pode ser dominada pelo saber; a análise é uma experiência de pensamento onde o saber fica "des-idealizado", mas que também adverte sobre a enfatuação que implica se identificar com a verdade. Sua honestidade maior consiste em verificar sempre o que seria possível e impossível na experiência humana com o outro. Sem álibis, nos abre à impotência ou à impossibilidade que toda autêntica empreitada de transformação põe em jogo irremediavelmente.

Lacan, o olhar e o ateísmo

Nunca vemos de onde somos vistos. Basta ver o que teria acontecido com a mundialização técnica do mundo.

Isso anula toda filosofia da contemplação e suas derivas fenomenológicas.

Somos olhados de um horizonte que nada tem de transcendental.

Assim, o ditame lacaniano: o mundo não é exibicionista, mesmo que pareça; é *omnivoyeur*, e muitos dos atos humanos, sem sabermos, são oferendados ao olhar do Outro.

Outra grande antecipação de Lacan é a célebre "esquize" entre o olho e o olhar. Considerando que não apenas o olhar, por estar no Outro, antecede à visão do olho regulada pela óptica geometral, esse olhar também não está ordenado pelas trocas da ordem simbólica.

No ateísmo, segundo Lacan, não se trata de "crer ou não crer", senão de uma função fantasmática que tende a sustentar um olho onividente em relação ao desdobramento do mundo. Por sua vez, só extirpando a dimensão de controle obsessivo típico da neurose se poderia adentrar na experiência ateia, pela destituição dessa onipotência do Outro. Esse Outro já não é necessariamente deus, senão a estrutura do fantasma.

O fim da análise acarreta um acesso ao ateísmo? Pergunta que Lacan redobra se interrogando pela possível condição ateia do psicanalista. No contexto da formulação dessas questões, chega a afirmar de um modo surpreendente que apenas na ascese psicanalítica pode-se, em alguma ocasião, alcançar o ateísmo.

Por último, no *Seminário X*, não se trataria de acreditar ou não, mas de "não servir a nenhum deus".

Que diferença haveria entre servir a uma causa ("que por estrutura sempre manca") ou servir a Deus, que é portador da própria causa? Na política, servir a uma causa exige uma separação do ideal que sempre se esconde no olhar do Outro.

Críticas à psicanálise

Desde o seu começo, a psicanálise foi criticada; isso sendo intrínseco ao seu próprio devir. Ela não existe sem seus opositores históricos, que mudam segundo as épocas. Agora afloram as críticas pela sua suposta heteronormatividade, pelo seu binarismo, sobrando para os analistas que a encarnam.

Essas críticas, sem dúvida, podem ser chaves para desmontar a ideologia sedimentada nas instituições analíticas, uma ideologia psicologista que interveio para obstaculizar a experiência com o real.

Isso não permite que, com meras observações antropológicas ou sociológicas, se queira destruir uma das experiências mais valiosas do trabalho com a própria existência que ainda acontecem na História.

Uma esquerda lacaniana e Heidegger

Heidegger quis ver no destino da metafísica ocidental uma "estrutura de emprazamento", uma engrenagem que consumava o "esquecimento do ser". Esse duplo esquecimento constitui um equivalente do conceito lacaniano de foraclusão ou preclusão; diferente do recalque, é uma expulsão do simbólico para o real que destrói a dimensão da verdade.

No denominado discurso capitalista, Lacan utiliza esse termo coincidindo com a denominação que já usara para assinalar o colapso do sujeito do inconsciente na psicose.

Heidegger denominou "niilismo" essa mesma questão; a "produção sistematizada" e o "errar através de um nada infinito" exemplificam os traços que adjudica a técnica. O ser já não disporia daquilo que o tornava um lugar de trânsito em direção a um abismo (*Abgrund*) apenas contornável pela vizinhança topológica com a poesia e o pensamento. O que está ausente em Heidegger, na sua exegese sobre a técnica, é o modo como foi determinada pelo discurso capitalista. Suas distintas descrições apenas resultam inteligíveis se concebidas como efeito da lógica do capital.

A técnica em Heidegger homologa o discurso capitalista em Lacan; reenvia a toda a história da filosofia. No entanto, há uma diferença crucial: nas "maquinações", no "desarraigo", na ausência da História que caracteriza o tempo da produção sistemática, pode-se ver, desde a homologia colocada, um antecedente do que se entende na atualidade por neoliberalismo.

Dado que Heidegger não foi capaz de assumir a relação entre a técnica e o capitalismo, desentendeu-se de tudo o que se refere à mais-valia. Entretanto e como é sabido, a partir desse conceito marxista Lacan elaborou a sua noção de mais-gozar, termo que é a chave para entender o discurso capitalista.

Para Heidegger, o ente entregue à representação, ao cálculo, às maquinações, já não estava em condições de escutar as interpelações do ser. A grande ironia desse autor — uma ironia premeditada — foi ver emergir, no desenlace da filosofia, a debilidade mental consagrada. Isso não se refere a nenhum déficit cognitivo; trata-se da acepção lacaniana da mesma: débil mental pois já não pode se situar de um modo efetivo em nenhum discurso. Não foi esta a sua última palavra: na dobra do final da sua filosofia existe um vazio, uma fenda irredutível que permitiria de uma maneira enigmática outra tarefa do pensar; um "passo atrás" que daria lugar a um outro início.

Este passo atrás convida para estabelecer uma relação entre Lacan e a política que pode se denominar esquerda lacaniana. Desse modo, a tarefa não filosófica do pensar se abre, nas suas possibilidades, à psicanálise e à política.

Recapitulando, na leitura heideggeriana o emprazamento técnico do mundo não seria apenas dominação; é a realização efetiva onde o ser, desde os seus começos, escolheu anular sua diferença com o ente e se entregar ao jugo das estruturas de controle e avaliação no emprazamento técnico do mundo.

Se, para Marx, a figura da desconexão da ordem dominante chamou-se revolução, para Heidegger não se trata do passo para a frente da revolução, senão de um misterioso "passo atrás", um acontecimento que deveria dar lugar a "outro início" distinto da ciência e da religião. O passo atrás não é um começo romântico de um momento anterior idealizado. "Passo atrás" e "outro início" devem ser pensados na sua mútua correspondência.

Por último, para Lacan, onde houvesse estrutura haveria sempre mais-gozar, uma satisfação anômala que complica o conceito de dominação e opressão. Apelando à lógica maquiavélica, o mais-gozar dá conta de como, sob certas circunstâncias, os poderosos asseguram que os dominados desejem a própria dominação.

Esses assuntos são o ponto de partida do problema político da emancipação.

Super-homem

À diferença de Nietzsche, Heidegger vislumbrou que o super-homem não era alguém forte, mais além do bem e do mal, "com dias de festa e luto próprios". Antes disso, concebeu-o como um boxeador imbecil à frente do Estado, absolutamente desprovido do horizonte onde a diferença entre o ser e o ente pudesse iluminar um novo clarão na existência. Heidegger, depois do episódio infame com o reitorado de Friburgo, intuiu que a vontade de poder dava lugar a enfatuados e prepotentes, integralmente dominados pela ordem mundial da técnica e suas maquinações. Esse foi o resultado da sua leitura quando apresentou, no seminário sobre Nietzsche, uma relação estrutural entre o sujeito cartesiano e a vontade de poder nietzschiana.

A famosa vontade de poder não era mais do que o triste final de uma espécie humana impotente que, ou se prepara para o início da emancipação, ou se afundará para sempre nas "geladas águas do cálculo egoísta".

Singularidade do ser-para-a-morte. Campos de extermínio

Heidegger, já em *Ser e tempo* e sem o saber, tem a sua própria versão de uma "psicologia das massas". Quando faz referência à inautenticidade ou, segundo outros tradutores, ao impróprio, aparece o "se" como o verdadeiro nome da massa. "Fala-se", "comenta-se", "menciona-se" etc. Nessa construção impessoal vemos a matriz dos "falatórios" que reprimem o ser-aí (*Dasein*), o sujeito (Lacan) na sua falta-a-ser. Os falatórios da inautenticidade podem ser considerados como um modo privilegiado do eu para fazer parte da massa com as identificações.

A angústia, o afeto que segundo Lacan nunca engana, é aquilo que reenvia o "ser-para-a-morte" à sua possibilidade mais própria e autêntica, ao seu "poder ser". Ao seu próprio desejo, dir-se-ia em termos lacanianos. A finitude da vida fática, o ser-para-a-morte, não é a pulsão de morte freudiana. É o desejo enquanto constitui o ser na sua singularidade radical, na sua condição evanescente e nunca representável. A experiência do mortal, falante e sexuado — experiências constitutivas do sujeito dividido — nomeia a mesma finitude, a mesma singularidade.

A tão discutida observação de Heidegger, relativa à sua expressão "fabricação de cadáveres" como própria da época da Técnica, é o seu apontamento sobre a morte produzida massivamente.

Disso pode-se inferir que nos campos de extermínio não se tira somente a vida, mas também o ser-aí fica despojado da sua morte em sua condição de singular e nunca repetível. Não só os campos tiram a vida, também expropriam o "morrer" como esse ato singular onde ninguém pode substituir ninguém.

O Mal

De início, o Mal não é uma categoria política, pois pertence a uma ordem teológica-moral-filosófica. Foram os estudiosos da Shoa os que renovaram sua significação política como uma finalidade que se realiza a si mesma exercendo a destruição e para além de qualquer utilidade.

Há processos de destruição que não se deduzem de um modo imediato da conformação do poder do capital. Nesse caso, haveria de distinguir utilidade de interesse e incorporar, neste último conceito, a questão pulsional do gozo.

Muitos genocídios e destruições sistemáticas da vida, mais do que responder a uma finalidade definida, são reveladores de um fantasma sádico, de uma destruição sem limite que excede o marco da utilidade política.

A pergunta atual é se a política poderia dar conta do que acontece nesta época sem levar em consideração o mal como categoria pulsional.

Antecedente de solidão: Comum

Um antecedente da interpretação do Comum para a esquerda lacaniana foi, paradoxalmente, Heidegger, que nunca deu lugar a esse conceito. Todavia, se pode propor a leitura de *Ser e tempo* como uma subversão do sujeito cartesiano, onde as estruturas do ser-aí são radicalmente igualitárias, anti-hierárquicas, anti-fundamentalistas, sempre se subtraindo às manobras referentes à língua dos especialistas e às "maquinações" da técnica.

Certamente, tudo isso não deveria poupar a dimensão horrível de Heidegger e seu anti-semitismo filosófico e político.

Leituras e não-todo

É conveniente se aproximar das obras e dos seus autores sem permitir que se apresentem como uma unidade totalizável em todos os aspectos. Entre o texto e a leitura deve haver uma operação — se me permitem a expressão — de "des-identificação".

Por exemplo, Marx, Freud, Lacan, Heidegger foram homens brancos, europeus e pertencentes a uma multiplicidade de tradições e vetores culturais e históricos. Então, deveriam ser lidos exclusivamente como eurocêntricos, varões brancos do hetero-patriarcado?

Desde a operação do não-todo, pode-se lê-los sem a sua pertinência de identidade ou ideológica.

Se Lacan, Freud ou Marx são lidos como se fossem unicamente homens brancos e europeus, acreditando que isso entrega algo definitivo sobre seus textos, seriam deixados de lado muitos dos problemas mais verdadeiros e cruciais que eles conseguiram postular.

Ler Freud, por exemplo, na sua concepção de uma das saídas da feminilidade ser a maternidade; ou Marx como um hegeliano que pensava o comunismo como a realização universal da História; ou Heidegger desde seu efetivo anti-semitismo filosófico e sua infâmia no reitorado de Friburgo, cercearia muitas das suas hipóteses subversivas.

Nem a escrita de Jorge Luis Borges se reduz a expressar o canalha que apoiou a ditadura argentina, nem *Ser e tempo* seria apenas a obra filosófica do professor que aceitou ser o reitor com os nazis; *Uma temporada no inferno* não é a expressão juvenil de um traficante de escravos, nem *Vértigo* dá conta de um homem claramente reacionário, nem Elvis Presley precisa ser escutado como um colaborador da CIA.

Toda obra, arte ou ofício dispõe de uma estrutura na sua própria composição material que desborda, excede, atravessa e vai muito mais longe no tempo e no espaço que o casual autor que a pôs em jogo. Por isso, Hegel não é idêntico a Hegel, nem Lacan idêntico a Lacan.

Há um diferir de cada um a respeito de si mesmo.

O autor não se reduz à sua própria identidade contingente. A leitura não-toda lacaniana busca, nos obstáculos de um autor, nas suas determinações insopitáveis, naquilo que desborda à identidade, nas eleições fundamentais, o lugar onde se deve custodiar o desejo de uma escritura que conduza o autor além de si mesmo.

Nisso que se apresenta como uma incompletude e uma inconsistência entre um texto e as determinações de uma obra é onde se encontram as possibilidades do projeto de um texto.

Antifilosofia contemporânea

O fazer antifilosófico é a disciplina que inaugura Lacan, inscrita na saída da metafísica de Heidegger. Enquanto Freud era sumamente discreto em relação aos autores filosóficos — umas brevíssimas referências a Kant, Hegel e Nietzsche — e os anglo-saxões fingiram sua inexistência, mesmo quando seus postulados estavam impregnados de metafísica — a famosa relação sujeito-objeto e a versão teleológica do Édipo —, Lacan convocou os filósofos nas suas colocações mais radicais. Paradoxalmente, com esse gesto conseguiu ser o menos filósofo dos psicanalistas.

A antifilosofia se constrói com "artefatos intranscendentes", com as escrituras das margens, intervenções em registros indiscerníveis, topologias lacanianas descontextualizadas, politização da conjuntura e reconstrução discursiva das distintas práticas sociais. Óbvio, e por problemático que possa ser, examina uma nova posição em relação à clínica. A antifilosofia não é a rejeição da filosofia, mas sim se deixar atravessar por ela até obter uma verdade operativa com consequências para a práxis. É uma prática soberana: não tem geografia, nem tradição, antecedentes ou filiação.

A aposta antifilosófica é situar a psicanálise num espaço do pensamento não dominado pela metafísica.

Cristo e o masoquismo.
Uma conjectura

A paixão de Cristo não se reduz ao encontro com os distintos modos do masoquismo e seus respectivos gozos. "Se valer do Pai para ir além dele" encaminha para um gozo não fálico e, portanto, não masoquista.

O valor de Cristo na cruz não é a ressurreição tal como estabeleceu Paulo na sua política fundacional do cristianismo como fenômeno histórico, pois o Cristo não é por completo matável; seu sangue é não-toda porque nunca terminará de morrer; sangrará eternamente.

É ainda o que se apresenta como o núcleo emancipador de todas as histórias de luta: aquelas e aqueles nunca matáveis totalmente. Moisés, Espártaco, El Che, Evita e outras figuras que poderão surgir segundo os avatares históricos dos projetos emancipatórios.

Talvez por isso Lacan, no *Seminário XX*, tentou pensar em Deus já não no lugar do Pai, senão da mulher. O paradoxo é que a mulher, como universal, não existe.

Nenhum tipo de fé está em jogo nisso, apenas arrisca-se um palpite sobre o paradoxo da encarnação.

Luto impossível

Há lutos que nunca poderão começar. Não se trata de seu trabalho interminável nem de sua deriva melancólica. Trata-se da pura perda, que escreve, no ser, uma fresta do real impossível de ser contornada. Ninguém se repõe desses "golpes na vida tão fortes… Sei lá!" (César Vallejo).

Constituem a prova final de que antes de morrer a vida te mata alguma vez para ir vendo do que se trata.

Identidade e vítima

Na atualidade, é muito difícil pensar na constituição de um sujeito político que torne possível um projeto transformador e emancipador.

O primeiro problema é que nunca mais vai se tratar de um só sujeito, senão de um enxame constituído nas distintas lutas contra a exploração e a opressão. Em segundo lugar, esses sujeitos não seriam os ilustrados, autoconscientes, que sempre sabem o que desejam, já que estão atravessados por tensões que nunca se resolvem. Por último, e aqui reside o maior problema, por muito que tenham sofrido castigos, punições, dor, perpetrados sempre pelo poder contra os que lutam, não deveriam clausurar sua identidade no lugar da vítima.

A vitimização leva à armadilha onde a identidade procede do mesmo poder contra o qual se luta.

A aposta do sujeito pelo seu desejo não é ser reconhecido como vítima, seja qual for a injúria;

esse é um nome que vem do poder e, desse modo, o inimigo ganha duas vezes.

O desejo de transformar surge da des-vitimização. O sujeito não esquece sua dor nem aqueles que a provocaram, mas nega-se a receber desde esse lugar aquilo que o identifica.

Exílio

Ninguém nasce na sua terra natal, as existências falantes são filhas de um turbilhão de palavras, traços, marcas impossíveis de localizar topograficamente. Por isso, chegar à própria terra natal não é um fato natural; é, antes, uma viagem que se pode ou não querer fazer. Nunca existirá uma apropriação completa do lugar, nem do exílio original. Como souberam os poetas, a terra natal não se brinda de outro modo a não ser realizando sua própria subtração. Quando não é assim, é uma mera paisagem folclórica para consumo ornamental.

Se as contingências da vida fazem com que alguém tenha que se exilar do seu país, sobrepondo-se ao fantasma da perda, descobrirá que seu segundo exílio não teria feito mais do que duplicar aquela que já estava desde a origem.

Atos subversivos

Os genocídios e massacres nunca foram atos subversivos. Sempre fizeram parte de programas predeterminados ou de consumação histórica de um projeto. Foram e são catástrofes que ofendem a condição humana.

Só existem atos subversivos quando a estranha qualidade da igualdade é posta em jogo. É nas revoluções sociais que encontramos as rupturas igualitárias e justas. Nesse aspecto, denominamos atos subversivos o imprevisto, incalculável, que se abre no espaço da liberdade e da igualdade. Ainda quando o desenlace daquelas revoluções terminasse na lógica do terror, mesmo que tenham sido "um desastre obscuro" (Badiou).

Vazio e invenção política

A emancipação passa por indagar o momento igualitário da revolução e separá-lo dos dispositivos que o estragaram com o terror burocrático.

Uma das chaves da leitura que propõe Althusser sobre Maquiavel pode ser resumida na seguinte pergunta: Como se pode gerar uma realidade política quando não estão dadas as condições? Por isso, para ele, o ponto de partida é localizar o vazio da situação. O ponto de partida não está dado, nem dá para pressupor; não há nenhum sujeito prévio ao vazio de tal situação.

Não há povo nem classe que esteja ali esperando desde sempre que possa ser convocado; trata-se de construí-los através da práxis, sem se arrogar a sua representatividade.

Nesse ponto, deve-se diferenciar o vazio do nada. Obviamente, numa realidade política nova intervirão memórias e legados, experiências históricas e militantes do Comum, além de eventos nas políticas públicas do Estado. No entanto, tudo isso que habita com distintas forças na trama da situação não pode saturar todo o espaço da realidade. Sempre deverá se impor o suplemento do vazio como meio de uma invenção política quando não estão dadas as condições.

Tal como explica Althusser no seu materialismo aleatório, no vazio, um átomo de um modo contingente se choca com outro, uma gota de chuva bate na outra; por isso no início não há nenhum fundamento, senão desvio contingente. Nada começa como uma linha reta.

Restará ver como esse encontro não necessário toma consistência na verdade de uma oposição política.

A pergunta pela democracia

As pensadoras e os pensadores atuais que se reconhecem nas tradições da esquerda e nacionais e populares estão atravessados pelos seguintes problemas:

1. Pensar os distintos impasses das revoluções do século XX e determinar a continuação, que novo tipo de transformação poderia ter lugar no interior do capitalismo que possa provocar a sua ruptura. Uma ruptura que já não pode ser pensada através das diversas formas da revolução.

2. Em todos os casos, admite-se que a democracia, do jeito como ocorreu na tradição liberal e depois no neoliberalismo, ficou estabelecida e condicionada até colapsar. Não obstante, abandonar o projeto da radicalização democrática, sem o encampar por ser uma possibilitada esgotada, seria voltar ao tempo de um marxismo metafísico.

3. Nenhum projeto sério de emancipação poderia abandonar definitivamente a ideia da democracia; em todo o caso, os projetos transformadores exigem reinvenção e radicalização, num novo ordenamento entre o trabalho intelectual, a imaginação política e a militância.

4. Em tempos de pós-pandemia, acrescenta-se um novo risco: a própria democracia já condicionada por todos os fatores do poder poderia ficar destruída antes da sua eventual reinvenção.

Solidão: Comum

Para a esquerda lacaniana, o Comum tem seu lugar na alíngua, neologismo que define o lugar das marcas de gozo que procedem da verborragia dos falantes. É o lugar onde as distintas singularidades não só não se apagam nem se cancelam, como depositam as suas marcas, traços e vestígios; onde os significantes e as pulsões delimitam a sua borda e o seu litoral. O mais singular de cada um, a sua resposta sinthomática (Lacan) à ausência de relação sexual, encontra aqui a sua maior facticidade. Por isso se entende a condição não repetível, insubstituível e incomparável em que cada um é jogado e tem que assumir. Por sua vez, o paradoxo, sendo o Comum um âmbito coletivo, é também o lugar onde a singularidade não apenas não se dissolve, como também encontra a sua realização definitiva.

Nesse horizonte não pode ser confundido o Comum da língua com as distintas elucubrações em que a técnica incide sobre esse âmbito. As redes sociais, ainda que se apresentando como letras, não dão lugar à singularidade do sujeito do inconsciente; não dispõem do intervalo, do vazio circundado pelas significantes onde a verdade do sujeito possa ser dita. São uma elucubração técnica do Comum, mas não o seu paradigma.

Populismo/Laclau

Os aspectos mais interessantes de *La razón populista* de Ernesto Laclau consistem no modo como Lacan opera na construção da sua hipótese. Em primeiro lugar, não há povo que possa ser dado por suposto como um a priori que já está ali, pronto para ser convocado. O povo, igualmente como o sujeito lacaniano, é o resultado de uma articulação discursiva. Na mesma, intervêm figuras retóricas de distintos tipos que permitem que se constitua o que Laclau denomina de uma corrente "equivalencial", que articularia diversas demandas sociais heterogêneas entre si. Porque essas figuras retóricas não podem se clausurar numa identidade definitiva, o povo constitui uma mutação estrutural em relação aos atores que dele participam. As demandas insatisfeitas já não são mais as mesmas quando acedem a uma nova identidade, simultaneamente necessária e impossível. Essa identidade é, por sua vez, movível e mudará segundo os antagonismos que deva enfrentar. Pode encontrar a sua maior estabilidade quando o "significante vazio" firma todas as diferenças numa cadeia de equivalências, podendo perder sua força antagônica se o significante vazio se torna flutuante.

Laclau pensava num tipo de racionalidade onde a identidade seria constituída sem abandonar os investimentos libidinais que sempre acompanharam a construção conjunta de um "nos".

Um dos seus grandes méritos foi que, por meio da sua enorme formação teórica, atravessou todos os mantras reiterados pelos "acadêmicos de prestígio", tanto europeus quanto latino-americanos, que, quando falam de populismo, recorrem ao tópico da sua condução antidemocrática, antirrepublicana, messiânica, anticonstitucional e um longo etc.

Resulta insólita tanta falta de rigor histórico, tanto desconhecimento de como os movimentos nacionais e populares são fenômenos modernos que integram tradições socialistas e republicanas.

Laclau e a extraordinária racionalidade da sua hipótese populista, para além dos debates que possam suscitar, tornam ridículos todos os intelectuais tão ao gosto das direitas de todos os lugares.

Por isso, tentaram apagá-lo de todas as maneiras possíveis.

Num sentido diferente ao formulado por Laclau, pode-se afirmar que a corrente equivalente da lógica hegemônica seria homóloga ao que Lacan considerava a lógica feminina do não-todo. Essa corrente é sempre inconsistente, transformável, imprevista e infinitamente projetável até diferentes começos. Pelo contrário, o povo que pertence à lógica masculina se sustenta no procedimento habitual das ultradireitas: o povo é um todo e haveria uma exceção que ameaça minar a sua identidade.

Não existe populismo de direitas. Trata-se sempre de uma aliança de conservadores e neoliberais com os novos impulsos desinibidos dos valores fascistas. Uma direita neofascista e neoliberal que calcula, por meio de diversas operações, que a destruição que o capitalismo prepara possa ser seu cenário perfeito.

O luto da esquerda

1. Por enquanto não há condições históricas para a revolução nem para a constituição de um possível sujeito histórico. Os que não aceitam essa contingência, aqueles que a ignoram, podem ingressar num tipo de experiência política onde acabe por se impor uma lógica sacrificial. Houve um tempo em que a violência era considerada como a condição fundamental para renovar o discurso da política e efetuar uma transformação histórica de grande porte. Pretender reeditar a que se colocou em jogo naqueles anos seria tão absurdo como condená-la.

2. As esquerdas que chegam no poder onde o Estado está estruturado internamente desde a lógica do capital não dispõem de nenhuma regra certa que possibilite o seu funcionamento geral.

Se alguma coisa distingue o neoliberalismo como formação capitalista é a sua apropriação do Estado, à diferença do liberalismo clássico. No neoliberalismo, os imperativos de rendimento empresarial não apenas se apoderam do Estado, como também da subjetividade e de suas distintas expressões no mundo e na vida. Essa descrição fez com que, para alguns setores da esquerda europeia contemporânea, seja inoperante se ocupar dele; qualquer compromisso com a sua estrutura, segundo essas tendências, acabaria numa nova apropriação por parte do neoliberalismo de qualquer força transformadora.

De distintas tradições teórico-ideológicas, grande número de pensadores de esquerda se identifica com essa posição. Contudo, a situação mundial que o próprio neoliberalismo impôs leva inevitavelmente a revisar uma e outra vez a relação com o Estado e reformular essa colocação. A América Latina tem sido uma bússola no que tange a essa questão. O Estado é um espaço em disputa, que deve ser ganha para proteger e custodiar o campo popular do poder corporativo-financeiro.

Trata-se, então, de uma relação *éxtima* com o Estado, de uma posição que mantém a exterioridade e atinge a intimidade do institucional.

Referimo-nos à "mão esquerda" do Estado — a expressão é de Badiou —, onde está em jogo o que se pode chamar de sua dimensão autônoma e universal.

Nos referimos, logicamente, à política, à justiça, à saúde, à educação, às investigações científicas, à vida das artes e ao mundo intelectual. Todas essas instâncias, também nos dias de hoje, estão sendo absorvidas pelos dispositivos financeiros neoliberais; mesmo que aqui não se apresente uma receita econômica, uma economia neoliberal apenas poderia ser transformada se a autonomia conseguisse se manter como tal. Nesse âmbito, ainda perdura e insiste uma universalidade frágil não submetida ao interesse do mercado.

O importante aqui é que essa universalidade, localizada em diversos cruzamentos históricos, apenas pode ser defendida pelo Estado, porém, de lugares que não participam do mesmo.

Nesse ponto, o campo da militância, os movimentos sociais, as estruturas sindicais, os organismos de direitos humanos e todas as experiências emergentes do político constituem a verdadeira condição para impedir a captura neoliberal definitiva do Estado e para que a mão esquerda e a sua autonomia universal cumpram com seu papel na resistência contra a engrenagem neoliberal, para que o desejo de uma outra vida perdure.

3. A esquerda funciona então de modo contraditório, inconsistente e fragmentado, mas isso não constitui nenhum déficit nem contradição. Entre essas tensões instáveis a esquerda procura a sua reinvenção. Nessa busca é inevitável atravessar um pêndulo entre o luto e a melancolia. Luto por não poder reestabelecer a sua potência de ruptura revolucionária; melancolia por se identificar totalmente com a derrota e com o fantasma da vitimização.

4. Dentre as tarefas da esquerda para a sua reinvenção histórica impõe-se fazer o luto pelo sentido finalista e totalizante da História.
A operação "esquerda lacaniana" pode ser determinante para essa etapa. Dar um novo alcance à palavra "emancipação", para que permita se separar da "plenitude" da revolução sem falhas. Às vezes, a nostalgia por aquela plenitude segue sorrateiramente agindo numa esquerda em tantas ocasiões insatisfeita.

5. Para finalizar, dessa perspectiva não pode haver atualmente outra esquerda que não seja para-

doxal, em contradição consigo mesma, tensionada entre seus imperativos de justiça e as coerções do capitalismo, estando fora e dentro, sendo exterior e íntima da realidade que se põe em jogo.

Isso implica na esquerda uma revisão radical do conceito de coerência. O "real da realidade" nunca é coerente. Isso não quer dizer que seria o caso de se somar ao relativismo pós-moderno onde vale tudo. Trata-se de assumir que em toda verdadeira causa há uma dimensão impossível que sempre divide e que demanda saber o que fazer com ela.

Liberdade e escolha forçada

Foi Lacan que descreveu a eleição forçada na matriz lógica da constituição do sujeito. Essa escolha forçada é muito sutil na sua operação.

O sujeito é precedido pelo Outro, um campo simbólico que o antecede e determina. Nesse espaço, está regido por aquilo que o causou como tal. Ali não poderia ter liberdade, dado o peso das determinações. Num segundo tempo entre aquilo que o determina desde a ordem simbólica e o momento do se advento existe uma fenda irredutível, uma ruptura entre a causa e o efeito, de tal modo que nunca há uma determinação que esgote o momento de uma decisão na denominada escolha forçada. Esta seria a liberdade no sentido lacaniano: a impossibilidade real de anular o hiato entre a causa e a emergência contingente do sujeito. A causa é sempre coxa; isso indica que qualquer explicação que pretenda reduzir a liberdade a uma iniciativa do eu, ignorando aquilo que o determina, seria pura metafísica. Também seria metafísica pretender reduzir o sujeito a um mero jogo de determinações onde não se teria responsabilidade nenhuma.

Essa escolha forçada cumpre com as seguintes condições:

1. Não se trata de que quando se escolhe se perde o que não foi elegido.

2. Trata-se de uma aposta sem garantias porque nunca antecipamos os efeitos incalculáveis da eleição.

3. Tampouco seria um ganho, salvo se se sabe, em cada caso, o que cada um poderia fazer com ela.

4. Nunca é para sempre; trata-se de cada nova eleição.

Escolher a pulsão de morte

São muitos os exemplos atuais nos distintos lugares do mundo onde setores populares elegem o pior para eles mesmos. O pior, do ponto de vista dos interesses vitais que Freud designou como princípio do prazer. Contudo, como o próprio Freud demonstrou, no inconsciente existe um imperativo categórico que impõe ir além do princípio do prazer e dos interesses vitais, que denominou de pulsão de morte. Portanto, esses setores aparentemente votariam contra eles mesmos, se considerados somente sob o domínio do prazer homeostático. Na realidade, votam a favor dos seus interesses — nesse aspecto, mais opacos — ligados à pulsão de morte. A potência coercitiva dessa pulsão não pode ser interpelada por nenhum argumento. Os argumentos vitais nem abalam o poder da pulsão de morte.

O sucesso do neoliberalismo que Lacan antecipou como "discurso capitalista" foi mostrar que temos ingressado numa etapa histórica onde já não há oposição entre a civilização e a pulsão de morte. O neoliberalismo é uma aliança firme entre esses dois termos. A arte da política seria a tentativa de construir um espaço que volte a separar ambos os lugares.

Do contrário, o sacrifício será a ordem inconsciente se estendendo pelo social.

Ultradireita libertária

As e os ultradireitistas libertários, à diferença de outras modalidades das ultradireitas —mesmo que pareça paradoxal —, estão ao serviço da destruição do discurso do Amo. De imediato, há de se esclarecer que para Lacan o discurso do Amo não é a opressão ou a dominação, mas um discurso que torna possível o acesso ao simbólico e às distintas barreiras constitutivas do princípio de realidade. Sem esse discurso, o sujeito não encontraria onde se apoiar para enfrentar o Real.

O ultradireitista neoliberal, com o rigor da sua psicose social, deve reduzir, para ser coerente, toda a realidade à relação custo-benefício. Portanto, tudo pode ser comprado e vendido, desprezando os limites éticos. Nisso consiste a transformação do discurso do Amo no discurso capitalista.

Se alguns pós-foucaultianos flertaram com as ideias libertárias neoliberais foi porque viram nelas a possibilidade da destruição da sociedade disciplinar, que seria a variante foucaultiana do discurso do Amo.

O comunista italiano

No livro autobiográfico *Historia de un comunista*, Antonio Negri narra como a sua interpretação da potência espinosiana foi uma cura da mortificação católica.

Na sua autobiografia, dá testemunho de ser comunista como uma viagem radical onde são postas em jogo as experiências mais íntimas e singulares, a permanente revisão da teoria ante as transformações históricas, as releituras infinitas de *O Capital*, as mudanças de perspectiva no interior e no exterior do operariado, a leitura de Nietzsche, de Heidegger, a filosofia do direito de Hegel e a experiência do cárcere.

Para Negri, nunca se trata de ser o mesmo comunista idêntico e imodificável fechado numa identidade definitiva, numa história onde o seu devir atravessa distintas mutações importantíssimas sem — e isso é o mais relevante — alterar a sua condição de comunista.

Quão exatas são suas palavras sobre Kant, que o protegeram do "neokantismo"! Kant o salvou dos kantianos, como ele afirma de modo autêntico: o revolucionário de *sapere aude*, o pensador da Revolução em *O que é ilustração?*, a coragem teórica do *Conflito das faculdades*, foi liberado, na sua leitura, do espartilho de ferro do neokantismo social-democrata ou conservador.

Algumas leituras lacanianas se equivocam quando apenas retêm de Kant o grande texto sobre Kant com Sade, sem captar o verdadeiro alcance que Lacan propõe quando afirma seu desejo de renovar "o debate das Luzes".

O mesmo Heidegger, a quem Negri só concede ser "o niilista fascista mais interessante da sua tribo", no seu seminário sobre Nietzsche se inclina para o lado de Kant a fim de desabonar o pensador alemão.

A questão de Heidegger é uma das diferenças-chave entre Negri e Laclau. Para este último, sempre se faz presente a brecha irredutível entre o plano *ôntico* da política como gestão e o político como possibilidade que se desdobra numa lógica hegemônica. De fato, para Laclau, o proclamado "fim da filosofia" de Heidegger realiza o seu início no campo do político. Diferente de Negri, para Laclau a disputa pelo Estado sempre deveria estar presente.

A pergunta é se o capitalismo, na sua etapa financeira-corporativa-midiática, teria bloqueado definitivamente a possibilidade de uma lógica hegemônica populista.

Um problema semelhante se encontra em Negri relacionado com as aventuras da multidão na sua projeção revolucionária, supostamente fundadora de um novo comunismo.

Maquiavel e Freud:
As más notícias

O interesse evidente dos grandes marxistas por Maquiavel está relacionado com o fato de o autor de *O Príncipe* ter estabelecido com clareza que o antagonismo e a confrontação estão presentes constitutivamente no social, pertencendo também à essência do político.

Se, num sentido marxista canônico, os antagonismos que descreve Maquiavel estão estruturalmente subordinados às relações sociais (Marx), então poderia se pensar que quando elas já não estão atravessadas pelo regime de exploração, o antagonismo desaparece. A má notícia de Maquiavel é que não existe o social por fora do antagonismo que o constitui, que é independente das relações sociais. Nessa leitura, poderia ser estabelecida uma conexão entre *O Príncipe* e *Mal-estar na cultura* de Freud. Em ambos é apresentado um pessimismo antropológico que sempre fala de uma fratura incurável no social.

Desse modo, o grau zero da política que propõe Maquiavel, determinado pelo antagonismo, continuaria inclusive num mundo de igualdade. Se fosse eliminada a injustiça e a exploração, segundo Maquiavel, continuaria a diferença inextirpável entre os que mandam e os que obedecem, ainda que essas posições possam ser intercambiáveis. Uma observação semelhante é a que sustenta Freud a respeito da Revolução Russa: não põe em dúvida as conquistas da economia socialista, porém, se questiona que a conclusão seja a "pulsão de domínio".

Guerra Fria e atualidade

Na mundialização do capitalismo, a lógica expressada na fórmula "o inimigo do meu inimigo é meu amigo" não permite a leitura do nosso devir contemporâneo.

Não está nada claro que o inimigo do meu inimigo seja um amigo.

O capitalismo tem conseguido uma transversalidade na reprodução ilimitada dos seus interesses que impede que a dita fórmula tenha uma estabilidade que ofereça inteligibilidade à geopolítica mundial.

Machismo

A escritura bíblica — olhemos para Adão e Eva — é claríssima na sua dimensão opressiva e patriarcal. Eva não tem lugar, só existe em Adão e a partir dele. No caso, a sua existência quase incorpórea está unicamente a serviço de provocar as primeiras vibrações subjetivas nele em relação à vergonha e ao saber. É um movimento patriarcal insuperável: uma mulher no interior de um homem para existir como o seu complemento. Uma leitura mais capciosa do episódio bíblico foi exposta por Paul Valery em *Tel Quel*: o homem estava sozinho e, para que se sentisse verdadeiramente só, Deus colocou a mulher ao seu lado.

Uma última leitura inspirada em Lacan pode alterar a perspectiva falocêntrica. Deus e essa mulher são o mesmo, por estar habitados por um gozo inatingível para o homem e suas medidas. No entanto, tal gozo não lhe é de todo alheio, incrustado bem no ser do seu corpo como um infinito monstruoso que o angustia e o joga na impotência. Daí a paixão assassina que subsiste na posição masculina desde o princípio dos tempos. Imagina que conjura a sua impotência incurável com guerras, extermínios, destruição de corpos etc. Acredita que no exercício sádico da mutilação lhe seria revelado o mistério daquele gozo.

Segundo essa perspectiva, o erro da civilização foi não saber dar lugar ao gozo feminino —que não é idêntico ao sexo ou ao gênero — e, portanto, estão todos os processos sociais condenados a repetir, de um modo sinistro, as lógicas da segregação.

O machismo é o brasão que encobre como a posição viril atravessa suas horas mais baixas: impotência, narcisismo apático, disputa com as mulheres para causar o desejo do Outro; em definitivo, um crescente declínio do desejo masculino, que não é incompatível com a violência contra as mulheres, estando em estreita relação com a mesma.

Quando a impotência se apropria do ser, tenta sempre se resolver com o cruel exercício do poder da força.

Não há relação sexual e políticas de gênero

O "não há" dessa fórmula lacaniana introduz um vazio irredutível. Com a mesma, Lacan reduz num enunciado um longo percurso no seu ensino no qual demonstrou nas diversas leituras de Freud que, entre o gozo de um e o desejo do outro, seja qual for seu sexo ou gênero, seria impossível estabelecer uma fórmula matemática, estabelecer uma relação proporcional entre a mais-valia do gozo que lhe tocou na sorte e cada existência sexuada, mortal e falante.

Por isso mesmo, essa não é uma fórmula binária, não se trata de homens ou mulheres; trata-se de um vazio que de modo estrutural acompanha qualquer eleição de gênero. Lésbicas, trans, andróginos, travestis, etc, habitados e atravessados pelo vazio do "não há". Inclusive, girando em torno dele.

Doravante, ninguém conquista uma identidade plena que se feche e se enclausure em si mesma. Defender como emancipadoras as identidades do LGTBI+ não deveria implicar em cancelar esse vazio. Entre outras coisas, porque o hetero-patriarcado só foi um tratamento hegemônico que tentou suprimi-lo e, precisamente por isso, não constitui um poder absoluto.

Tampouco a chamada linguagem inclusiva, com sua torção sobre a língua, se desfaz do suplemento do vazio sempre presente nos caminhos do nosso desejo.

Linguagem inclusiva

Não devemos nos opor às transformações políticas e da época que se dão numa língua. Os falantes estão ali para fazer da língua uma superfície de inscrição das marcas do desejo. Dessa perspectiva, os protestos normativos com respeito à linguagem inclusiva desconhecem a relação material entre o desejo dos falantes e aquilo que os faz falar. Nenhuma referência normativa ou prescritiva relacionada com uma suposta gramática oficial seria pertinente. Nesse aspecto, sempre convém dar as boas-vindas às suas transformações coletivas. *Alíngua*, neologismo lacaniano, designa a materialização efetiva onde o gozo dos falantes invade o campo dos significantes.

O problema político surge quando se pretende incluir tudo na *alíngua*, como se nela não existisse impossibilidade alguma. Esta seria uma miragem positivista que pode dar lugar a novas formas de segregação.

O que faz com que a vida do sujeito possa ser um lugar apto para o desejo é que nem tudo pode ser nomeado, neutralizado, enclausurado pelas nominações. Sem o excluído e o impossível de dizer, a *alíngua* transforma-se numa relação instrumental onde é apagado aquilo que a excede. Um movimento igualitário e emancipador não deveria se fechar num círculo em que as identidades pretendam submeter-se a uma vontade homogeneizante. É graças à exclusão, ao indizível e inominável que a existência falante, sexuada e mortal pode tornar-se sujeito político.

Seria conveniente preservar esta ambiguidade irredutível, pois não há uma relação simples de apropriação; enquanto falamos, a exploração também faz seu jogo.

Filosofia e sexuação

Os autores clássicos da filosofia têm sido homens. Essa é uma questão de gênero devida à dominação hetero-patriarcal, uma contingência que deve ser tratada politicamente.

Muito bem, se a filosofia está na sua própria sexuação constituída ontologicamente pelo masculino, o tema se torna muito sério. Exige indagar no seu interior o lugar onde a sexuação feminina teria sido reprimida — rejeitada desde os gregos até o idealismo alemão, passando pelos marxismos. Fazer emergir a sexuação feminina nos traços borrados dos textos que outorgam estabilidade à ordem filosófica constitui uma tarefa decisiva ainda por acontecer.

Um dos filósofos que podem oferecer algo nessa tarefa é Heidegger, na última fase do seu pensamento. Aliado à sua loucura, quiçá por já não se designar como filósofo e, por sua vez, tentar uma escritura da diferença, observa-se como vão afundando todas as referências clássicas. Em Heidegger assistimos como uma filosofia que tinha atingido seu cume metafísico se desmorona, abrindo-se para o não-lugar.

No mistério do ser que Heidegger vislumbra nos seus escritos, podem ser lidos os sinais que apontam para o gozo feminino denominado não-todo. Basta lembrar seu famoso diálogo com o japonês e os distintos rodeios que ambos atravessam para encontrar aquilo que nomeia o Ser.

Também o absoluto hegeliano — aquele momento em que o espírito chega no seu devir a se fechar em si mesmo — poderia encontrar uma nova leitura se pensarmos naquele infinito que Lacan outorgava ao gozo feminino. Dessa maneira, forçando a leitura lacaniana, o Absoluto seria o lugar onde já não opera a medida do gozo fálico.

Por outro lado, a brecha irredutível entre o *ôntico* e o ontológico faz da ontologia geral um projeto falido. Essa brecha que não se pode suturar é solidária com o sujeito, que já não poderia transcender o momento traumático da sua própria divisão.

Do mesmo modo, não é uma posição materialista pensar a política apenas como um antagonismo entre opostos. Cada um dos termos lançado no antagonismo está obstaculizado, autobloqueado desde o seu interior para impedir que se atinja, na realidade, a unidade que apague a impossibilidade. O inimigo, o oposto, o adversário, nunca estão no exterior para unificar e totalizar de forma definitiva. Luta-se contra o oposto enquanto o antagonismo evita o fechamento da brecha. Por isso, aquilo contra o que brigamos não está somente no exterior: está em parte em nós, como um "resto" com o qual há que saber operar no interior de qualquer confrontação.

Disputar o universal

Os estudos que trazem à luz identidades submergidas, massacres perpetrados em nome da civilização e do progresso, têm apresentado grande relevância no mundo acadêmico anglo-saxão e europeu.

No entanto, pode ocorrer uma partilha que dê lugar à confusão: vocês se ocupam enquanto periféricos do ancestral reprimido, das culturas esquecidas, e o pensamento legítimo se mantém no horizonte do Universal.

Se quiser superar o imperialismo e o eurocentrismo, não tem que se abrir mão do campo do Universal entregando-se a um relativismo cultural e idiossincrático.

É preciso disputar o Universal sem complexos, mostrando que não há por que ser imperialista ou euro-centrado, como proposto pela mundialização do capitalismo.

Management da alma. Da empatia à resiliência

Os termos "autoestima", "resiliência" e "empatia" não são inocentes; hospedam de um modo implícito uma determinada concepção da subjetividade. Trata-se de conceber o ser como um ente que funciona como se fosse um "centro de iniciativas", sempre suscetível de ser avaliado e representado em função da sua competência. Por isso, não espanta o caráter mensurável desses termos: alta ou baixa autoestima ou escassez ou forte resiliência. Trata-se de buscar, a partir de um controle de qualidade promovido pelo coach e por livros de autoajuda, até que ponto o indivíduo se acha em condições de gerenciar a sua própria vida como se fosse uma empresa. Dessa forma, a ideologia neoliberal bloqueia tudo aquilo que na existência possa constituir uma aposta pelo que se desconhece de si mesma, tal como acontece com a causa do amor, do desejo ou do gozo. Três palavras labirínticas e habitadas pela contingência, sempre se caracterizando por ser rebeldes à planificação previsível. Agora ganha terreno a empatia, uma expressão que encobre que nela já está implícito o ser como um tipo de boneco enclausurado sobre si mesmo, porém dispondo de umas pequenas antenas que o conectam com os outros. Esse termo engoliu expressões como "simpatia", "respeito", "benevolência", "generosidade", "hospitalidade"... nobres atitudes impossíveis de quantificar. A empatia é o nome neoliberal que poderia indicar o nível de aceitação que temos com os demais. Do mesmo modo, "zona de conforto" é um escárnio da maneira brutal como se estende o deserto infindável de vidas precárias; enquanto a publicidade convida a sair dessa zona de conforto e fazer uma viagem exótica ou comprar um novo fundo de inversão.

É possível, inclusive, que um político espanhol caracterize aqueles que se inscrevem nas posições xenófobas da direita como "faltos de empatia". Pensar o modo como se habita a língua é um ato político de primeiro grau, especialmente levando em consideração o tipo de ordem que está sendo preparado com essa psicologia empresarial que só retém da vida aquilo que faça funcionar o mundo na direção do neoliberalismo. A fundação de distintas nações foi precedida por grandes poemas ou por uma literatura que estabeleceu uma orientação para seu destino. Essas orientações nunca constituíram um determinismo; as diversas falas populares as contaminaram com seus diferentes timbres poéticos e a interpretação dos seus legados.

Esse espaço fundante é o que a terminologia neoliberal mina, tornando as existências meros dados perfeitamente apropriados para aceitar sobre as suas vidas o peso inerte de palavras e julgamentos que encerram o primeiro dos acontecimentos políticos: habitar a nossa própria língua nas distintas possibilidades em que se alojam os projetos, sem renunciar à complexidade perturbadora da vida como ela é.

Vergonha

Um dos sentimentos que o neoliberalismo já destruiu é o da vergonha. A vergonha é aquele véu que, junto com o pudor, revela que não se está dominado pelos interesses mais obscenos, pelo puro gozo de acumular. Noutros termos, que o sujeito não trate de colmar a sua falha constitutiva exibindo uma completude imaginária apresentada como o simulacro da mercancia.

Responsabilidade

É próprio da estratégia neoliberal promover uma ideia de "autonomia" e de "responsabilidade" em que o sujeito deve carregar em suas costas — e se sentindo culpado por isso — as distintas operações do poder neoliberal.

Todavia, o conceito de responsabilidade deve ser colocado em questão. Nesses casos, há uma verdadeira e nova responsabilidade quando a precariedade deixa de ser um problema individual e se projeta em respostas conjuntas, inclusive populares, mesmo no meio do caos mundial.

Aqui convém estabelecer a seguinte distinção: o discurso psicanalítico apela sempre para a responsabilidade. "Da posição como sujeitos somos sempre responsáveis" (Lacan). Não obstante, esse apelo à responsabilidade concerne ao inconsciente. Nunca deve ser confundido com as diversas formas de violência sistêmica que intervêm através da exploração e da opressão, já que os sujeitos não são responsáveis pelo processo de concentração econômica, nem pela violência devastadora que a ordem do capital impõe diretamente sobre as suas vidas.

Contudo, a responsabilidade retorna quando o sujeito escolhe abandonar-se ao desastre da sua vida, ou deseja não continuar sob a exploração e a opressão.

Um novo individualismo

Um dos mais eficazes simulacros dos ensaios no mercado atual é aquele que aparenta buscar a condição mais singular de cada um. O produto, como o livro de autoajuda, feito só para você, somente para você e à sua medida. Aperfeiçoa-se assim um dispositivo: simula-se descrever o mais particular enquanto o sujeito é incluído na homogeneidade indestrutível da mercadoria.

Então, através desses textos, grupos imensos de seres veem a si mesmos como únicos; indivíduos que dão as costas às suas singularidades mais radicais tentando, por meio das distintas pedagogias, construir "a melhor versão deles mesmos".

Essa operação é antagônica com a psicanálise e também com o que se denomina Solidão: Comum.

Loucura/debilidade mental

Pode-se considerar a debilidade mental como o momento onde o discurso se "holofrasea", voltando uma e outra vez sobre si mesmo, tentando dar conta de tudo. Trata-se de um discurso que se enclausura até o ponto de tornar-se uma religião do reconhecimento. Consequência final, uma sutura que recua perante o real, cuja qualidade distintiva é o impossível de dizer.

Ao pretender nomear tudo, a debilidade dribla uma e outra vez o contingente desvio que o Real implica.

A loucura — não a psicose — é a decisão de afrontar o real para que o impossível de dizer atravesse o ser sem reconhecer o blá-blá-blá dos códigos constituídos.

Dado que o ser falante não pode dispor do real, "numa insoldável decisão" (Lacan), pode escrever/inventar o litoral que o separa e o reúne com o real em jogo. Sem escrita simbólica — não necessariamente literária —, não se sai do código da debilidade mental.

A loucura inventa a sua própria fronteira com a sua singular escritura, ainda que não tenha gênero literário algum que a classifique, nem pertinência a nenhuma hierarquia estética. Trata-se de letras onde o suporte material pode ser uma marca, um desenho, um traço sem sentido sobre o papel, uma linha que separa o espaço entre o falante e o real enviando um sinal.

Apenas se concretiza quando não sobra outra opção senão realizar; é esse o ato que nomeia a liberdade da loucura.

A inclinação racista

É verdade que acabar com a desigualdade econômica e social mostra-se na atualidade como um fato inatingível. Contudo, pode-se afirmar que, se houver experiências igualitárias como as que algumas vezes conheceu a História, o problema do racismo persistiria. Num mundo de igualdade e justiça, continuaria sendo o limite maior do sujeito; apenas num sério trabalho com as suas identificações primordiais se poderia atravessar o manto de ferro da inclinação racista.

O racismo é o núcleo duro da ideologia, a constante inerte dos fantasmas.

Presente e arte de envelhecer

A velhice é, sem dúvida, um tipo de naufrágio, mas não se deve condescender a vê-la como uma merma ou um déficit fatal. Isso é o que se propõe o biopoder: reduzir a velhice à vida nua sem a virtude do político, sem a autoridade para discutir a igualdade e a justiça, sem erotismo nem desejo. A velhice vai além do arquivo das lembranças.

A velhice deveria constituir o lugar privilegiado para interrogar o presente até o final pela possibilidade de outra vida sempre por vir. Essa questão tornou-se urgente dado que, como afirma José Luis Villacañas, o presente já está suficientemente interceptado por um futuro asfixiante. A incerteza, sinal crucial do futuro, tem se transformado numa certeza sombria. Qualquer filme distôpico alerta para os desastres que agora acontecem. Nas palavras desse pensador, "vivemos num presente defensivo".

A arte de envelhecer, paradoxalmente, para além das agruras, é a arte de governar a si mesmo em cada gesto e transmitir ao comum aquilo que não foi asfixiado na trama dos dispositivos que a reduzem a uma carga parasitária.

Se o momento atual se mostra subjugado pelo que o capitalismo oferece como imaginário do futuro, talvez seja na velhice que ainda ficam custodiados os enigmas do presente.

Os únicos homens de verdade que ainda nos restam

Refiro-me, nomeadamente: à sociedade da monarquia dupla, no que tange aos limites judaizantes em que Freud ficou confinado em suas aversões espirituais; à ordem capitalista que condicionou seu agnosticismo político (quem dentre vocês nos escreverá um ensaio, digno de Lamennais, sobre a indiferença em matéria de política?); e, acrescentaria eu, à ética burguesa, pela qual a dignidade de sua vida vem inspirar-nos um respeito que funciona como inibição, por ter sua obra realizado, sem ser no mal-entendido e na confusão, o ponto de concurso dos únicos homens da verdade que nos restam: o agitador revolucionário, o escritor que com seu estilo marca a língua — sei em quem estou pensando — e o pensamento renovador do ser do qual temos o precursor.
Jacques Lacan, A ciência e a verdade, *Escritos*.

Talvez, ao leitor, este final pareça intrigante. Essa preciosa e fecunda citação de Lacan, momento exemplar do seu enigmático estilo, do modo de "cifrar" no seu dizer distintas alternativas de sentido, valeu como guia deste breviário.

Escrito em 1965, um ano depois da excomunhão da IPA (Associação Internacional de Psicanálise) — data que nos remete ao contexto da sua enunciação —, é o tempo em que Lacan já precipita suas definições em relação ao discurso psicanalítico. A citação aludida pode ser deslindada segundo distintos eixos que nos aproximam de sua elucidação.

1. Lacan se propõe nomear o tramado de determinações que, de início, fixam Freud numa posição; logo, por sua vez — e isso é decisivo na citação —, assinala o modo como o texto freudiano desborda e excede àquelas determinações que no princípio confinam o inventor da psicanálise num lugar predeterminado.

2. Entre as primeiras determinações podemos constatar "a dupla monarquia", o Império Austro-Húngaro como o lugar onde já estavam em ação as lógicas da segregação antissemita. Nesse lugar se tornam presentes as "aversões espirituais", a tentação de responder ao antissemitismo, consolidando a sua identidade judia, o que Lacan designa como "limites judaizantes". Soma-se aqui a "ordem capitalista

que condicionou seu agnosticismo político". Tal "agnosticismo" e "seus limites judaizantes" foram apontados por muitos estudiosos que não conseguem alcançar nas suas leituras o verdadeiro osso do discurso freudiano.

3. A evocação de Lamennais é crucial; um teólogo católico liberal que, desde o interior do seu projeto religioso, inclina-se a um pressentimento do socialismo que desenvolverá Marx. Dito de outro modo, nos encontramos aqui com alguém que, pertencendo em primeiro lugar a um campo, como Freud, o desborda e o excede. A remissão à "indiferença em matéria de política" deve ser entendida como o movimento em que o momento inicial de uma teoria fica superado e excedido pelo seu próprio devir. Por essa razão, seguindo uma distinção clássica, afirma-se que a indiferença à política não é indiferença ao político como ato instituidor.

4. A "ética burguesa" que deriva de um modo conclusivo desse mundo onde Freud está confinado pela "ordem do capital" fica subvertida pela sua própria obra e pela dignidade da sua vida. É essa dignidade a que "vem inspirar-nos", permitindo nos separar do "mal-entendido e da confusão". A versão burguesa e liberal da psicanálise subordinada à ordem do

capital e também a versão freudo-marxista constituem sintomas do mal-entendido e da confusão.

5. Somente se separando do mal-entendido e da confusão se alcança a obra de Freud na sua significação soberana; na citação de Lacan se apresenta como "o ponto de concurso dos únicos homens da verdade que nos restam: o agitador revolucionário, o escritor que com seu estilo marca a língua — sei em quem estou pensando — e o pensamento renovador do ser do qual temos o precursor".

6. Aqui o texto que se está dissecando adquire a sua máxima intensidade. Em primeiro lugar, "os únicos homens de verdade que nos restam" poderia ser entendido como uma resposta a Kojève, filósofo com quem Lacan teve uma relação "transferencial" de primeira ordem. Se, para Kojève, no final da História em sua singular leitura da *Fenomenologia do espírito* de Hegel, no estado universal homogêneo, ainda seguia presente a negatividade que se manifesta na "animalidade" do capitalismo ou no "esnobismo" japonês ou no sábio — que funciona como uma sorte de filósofo cessante —, Lacan, graças ao texto freudiano, remete ao "ainda nos resta", o que no final da História não se conseguiu capturar.

7. Embora esses três homens da verdade que se encontram enlaçados no texto freudiano surjam na obra de Freud quando ele já ultrapassara seus próprios limites, ainda assim podem-se arriscar seus nomes. Os três levam o nome de Freud e ao mesmo tempo apontam para outro lugar. O escritor que com o seu estilo marca a língua — se Lacan admite em quem está pensando, numa leitura retrospectiva do seu ensino, para além dos nomes da época de 1965 — seria sem dúvida Joyce. O precursor que renova o pensamento do ser é, por um lado, Freud — Lacan sempre lhe concedeu esse lugar; por outro, Heidegger, reinventado pela leitura psicanalítica de Lacan. O agitador revolucionário é também Freud, mas se inclui um suplemento, um xis por decifrar, talvez Lênin. Há que se indicar que se trata da figura disruptiva do agitador e não das leis históricas da revolução. Por último, por ser "os únicos homens da verdade que nos restam", trata-se de homens da verdade e não de homens do saber. Deve-se se lembrar que a verdade para Lacan "é o que retorna nas falhas de um saber". Por isso, nada impede que esses três únicos homens possam retornar nas suas falhas que perfuram a trama do saber, mudando de sexo ou de gênero.

Se foi escolhida essa citação, que exige uma leitura atenta e uma árdua interpretação que não se esgota no comentário aqui formulado, é porque se considera que nela se encontra sugerida a relação entre Lacan e a política.

Agradecimentos

Meu especial agradecimento para Elina Wechsler por sua generosa atenção na construção deste texto. Aos meus colegas de #lacanemancipa, com quem levamos anos de conversa sobre o sentido da esquerda lacaniana: Tim Appleton, Estela Canuto, Julia Gutiérrez, José García Molina e Fabiana Rousseaux.

A Territórios Clínicos de la Memoria e sua valiosa articulação de Psicanálise e Política.

À minha amiga Maria Victoria Gimbel, porque sempre surge da sua leitura alguma indicação importante.

Ao meu amigo Diego Kling e nossa aventura comum em Ponto de Emancipação.

Ao amigo de toda a vida, Sergio Larriera, e nossa conversação sobre "os três únicos da verdade que nos restam".

A José Luis Villacañas, pela inspiração que supõe seu grande projeto intelectual.

A minha família genial: Julio Alemán, María Alemán, Mercedes de Francisco, Daniel Vezelliza, Leonardo Vezelliza, Mario Vezelliza e Verónica Gonzalo.

Às companheiras do Departamento de Psicoanálisis y Pensamiento Contemporáneo: Mercedes de Francisco, Constanza Meyer, Julia Gutiérrez.

Referências bibliográficas

ALEMÁN, Jorge; LARRIERA, Sergio. *Lacan: Heidegger*. Málaga: La Dragona, 1998.

_____. *Razón fronteriza y sujeto del inconsciente: Conversaciones com Eugenio Trías*. Barcelona: NED Ediciones, 2020.

ALEMÁN, Jorge. *Soledad: Común: Políticas em Lacan*. Madri: Clave Intelectual, 2012.

_____. *Ideología: Nosotras en la época. La época en nosotros*. Barcelona: NED Ediciones, 2021.

_____. *Capitalismo: Crímen perfecto o Emancipación*. Barcelona: NED Ediciones, 2022.

BERARDI, Franco Bifo. *El tercer inconsciente: La psicoesfera en la época viral*. Buenos Aires: Caja Negra, 2022.

DELEUZE, Gilles; GUATTARI, Félix. *El Anti-Édipo: Capitalismo y esquizofrenia*. Barcelona: Paidós, 1985.

FREUD, Sigmund. *El malestar en la cultura*. Madri: Aliaza Editorial, 1985.

FUJITA HIROSE, Jun. ¿*Cómo imponer un límite absoluto al capitalismo?*. Buenos Aires: Tinta Limón, 2021.

HEIDEGGER, Martin. *¿Qué significa pensar?*. Madri: Trotta, 2013.

_____. *Ser y tempo*. Madri: Trotta, 2019.

KANT, Immanuel. *¿Qué es la Ilustración?*. Madri: Verbum, 2020.

LACAN, Jacques. *El seminario de Jacques Lacan: La angustia, 1962-1963*. Buenos Aires: Paidós, 2006.

_____. *Hablo a las paredes*. Buenos Aires: Paidós, 2012.

_____. *Escritos II*. Madri: Biblioteca Nueva, 2013.

LACLAU, Ernesto. *La razón populista*. Madri: Fondo de Cultura Económica, 2016.

MAQUIAVELO, Nicolás. *El Príncipe*. Madri: Alba Libros, 2001.

MARX, Karl. *El Capital*. Madri: Siglo XXI, 2021.

NEGRI, Antonio. *História de un comunista*. Madri: Traficantes de Sueños, 2018.

NOBUS, Dany. *The Law of Desire: On Lacan's "Kant with Sade"*. Londres: Palgrave MacMillan, 2018.

VALERY, Paul. *Tel Quel*. Paris: Nabu Press, 2011.

CADASTRO
ILUMI/URAS

Para receber informações sobre nossos lançamentos e promoções envie e-mail para:

cadastro@iluminuras.com.br

A *Iluminuras* dedica suas publicações à memória de sua sócia Beatriz Costa [1957-2020] e a de seu pai Alcides Jorge Costa [1925-2016].